PROYECCIÓN MENTAL

Plutón
Ediciones

COLECCIÓN
Centinela

JAY TATSAY

PROYECCIÓN MENTAL

© Plutón Ediciones X, s. l., 2025

Diseño de cubierta y maquetación: Saul Rojas Blonval

Edita: Plutón Ediciones X, s. l.,

          E-mail: contacto@plutonediciones.com
          http://www.plutonediciones.com

I.S.B.N: 979-13-87692-32-2
Depósito Legal: B-8514-2025

Impreso en España / Printed in Spain

Para mí mismo,
mi cerebro, mi pensamiento,
mis eternos seudónimos,
estados mentales y alter egos.
Divina locura,
gracias a todos ellos.

PRÓLOGO
¿QUÉ ES EL CEREBRO?

Por desgracia
no todo es para todos,
pues cada uno crea
su propio mundo
desde el poder o la debilidad
de su mente.

· MAHAVIRA

Una de las utopías más recurrentes es pensar, y hasta prometer, un mundo igualitario donde todo sea de todos y a nadie le falte de nada por el simple hecho de pertenecer a la especie humana.

Ni ricos ni pobres. Ni sabios ni tontos. Ni malos ni buenos. Ni normas ni leyes. Ni premios ni castigos. Todo para todos, lo mejor siempre para todos, sobre todo ahora que tenemos y contamos con los avances humanos, científicos y tecnológicos para lograrlo.

Yo mismo he pensado, ingenuamente, que todos y cada uno de los seres humanos podríamos y deberíamos vivir como reyes, como verdaderos millonarios y potentados que han venido a este mundo a gozar y a disfrutar mental, física, espiritual y emocionalmente.

Nada de enfermedades, dolores, sinsabores, tragedias y mucho menos penas.

Todo fortaleza y felicidad. Una utopía, que bien podría formar parte de un universo compartido con y por toda la humanidad.

Tenemos un cerebro superdotado que puede darnos las claves para alcanzar la utopía que deseamos.

Tenemos un cerebro superdotado

Jay Tatsay, sin querer aguar la fiesta, nos dice por qué no es posible tanta felicidad por todos y para todas, ya que, por gracia o por desgracia, hay diferentes niveles de pensamiento, estados de consciencia y aspiraciones, dentro de los mismos seres humanos, que nos alejan a unos de los otros desde el principio de los tiempos.

Al final todos llegarán al nirvana, nos dice Jay Tatsay siguiendo las enseñanzas de Buda, pero mientras tanto los senderos de la evolución espiritual siguen diversos derroteros, pues unas almas son muy viejas y otros pensamientos son muy nuevos, e ingenuos, como los que creen que toda la humanidad está preparada para vivir en el mejor de los universos posibles e imposibles.

Todo se andará, decían Buda y Mahavira, y hay que tener paciencia, mucha paciencia, para recorrer todo el camino sin perderse por cualquier falso sendero y llegar alegremente al verdadero, donde todos los deseos de placer y abundancia que anidan en el alma de los seres humanos se desvanecen para gozar de la verdadera felicidad, que no es otra que la felicidad de la libertad del espíritu, la paz, el amor, la bondad y la armonía del alma.

Nada de riquezas materiales, tan banales, sino riquezas verdaderas que la mayoría de nosotros ni siquiera puede apreciar porque no sabe que existen, ni que pueden darnos algo diferente para llenar los vacíos que llevamos dentro y que ni el oro, ni el sexo ni los platos más deliciosos pueden darnos.

La idea que se tiene de la felicidad va por barrios, niveles de consciencia, karmas, dharmas y vidas, y si para una adolescente la felicidad es el amor de cuentos de hadas y de princesas, para un joven la felicidad es recorrer mundo o ir a la guerra.

Cada cerebro tiene su propia idea o concepción de la felicidad para cada etapa de la vida dentro de cada contexto al que se enfrente el ser. Por tanto, cada cabeza es un mundo.

¿Qué es el cerebro?

Por definición y etimología, el cerebro es lo que se lleva sobre los hombros, la cabeza misma, con los ojos, el oído, el olfato y el gusto como banderas de lo que percibe por fuera y se convierte en reacción o pensamiento por dentro.

Desde hace miles de años que el ser humano es consciente de que la cabeza, y lo que hay dentro de ella, es de vital importancia.

Las trepanaciones, deformaciones, incrustaciones de piedras preciosas y otras técnicas nos señalan que la cabeza y su contenido merecen especial atención, y se le confieren toda clase de poderes.

Para Aristóteles, el cerebro era algo así como un radiador para atemperar los juicios del corazón o del cuerpo entero. Ver es una maravilla. Hablar es mágico. Escuchar es un milagro. Olfatear es un prodigio. Degustar es todo un placer.

Toda sensación que disfruta o padece el cuerpo pasa por la cabeza, y de esto fueron conscientes nuestros antepasados, pero al abrirla no encontraron otra cosa que una gran nuez y tardaron miles de años en comprenderla.

DUALISTAS

Incluso los dualistas, los que creen que alma y mente, o mente y cerebro, son cosas diferentes, aunque se retroalimentan constantemente, unas a otras a través de los sentidos y las emociones, tardaron en aparecer.

Una cosa es el cuerpo. Otra cosa es el alma. Y la unión entre cuerpo y alma se daba en la hipófisis, justo en el centro de la cabeza, tanto científica como de manera esotérica. René Descartes, el gran filósofo de los siglos XVI y XVII, así lo certificaba.

Pero no todos eran dualistas, pues algunos podrían ser considerados monistas, como John Dee, que señalaba que el cuerpo, mortal y pasajero era un órgano o un parche del alma, que era la que realmente existía, y que se expresaba tanto en los seres humanos como en los animales a través del cerebro, con el raciocinio, y del corazón, con los sentimientos.

La ciencia más actual apuesta a que en realidad todo está en el cerebro, que es el que dirige y comanda a todo el cuerpo, a nuestras emociones, actos y sentimientos, como sede central del ser y el estar, y que todo lo demás no son sino maneras de querer explicarnos a nosotros mismos lo que no entendemos, juego en el que el cerebro también es el director de orquesta, pues al inventar e imaginar trasfondos y conceptos, algunas veces llega a dar con la verdad funcional y científica, que no es otra que la que se repite exactamente en igualdad de condiciones, y que, por tanto, podemos poner a prueba y verificar: somos todo cerebro con un cuerpo que obedece.

René Descartes, "pienso, luego existo".

En el cerebro se dan las funciones químicas y físicas para que nos sintamos tontos o inteligentes, para que creamos que estamos perdidamente enamorados o hartos de una persona, para que hablemos e hiramos, o vanagloriemos a quienes tenemos al lado, e incluso para que salvemos, ataquemos o matemos a otros animales o seres humanos.

Todo se cuece en el cerebro, hasta las alucinaciones y la magia, y luego el cuerpo verá lo que hace con el guiso que le ha preparado el cerebro.

En suma, que el cerebro lo es todo, tanto cuerpo como alma, y tanto mente como pensamiento.

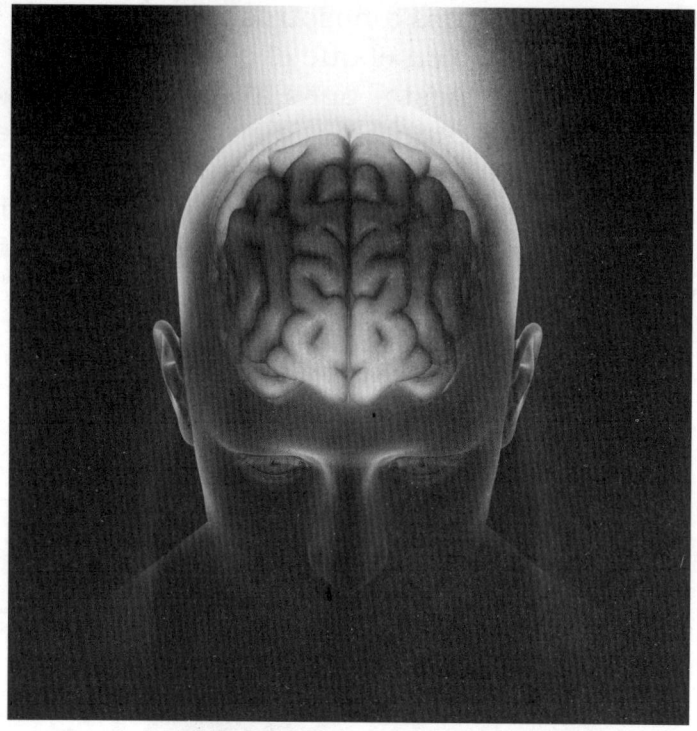

*El laboratorio de la vida
entera: el cerebro*

PSICOLOGÍA

La proyección mental se puede abordar desde dos perspectivas, la psicológica y la esotérica, ambas conectadas desde el fondo del alma, pero mientras la proyección mental psicológica puede ser inconsciente, subconsciente o más o menos consciente e intencionada (incluso falseada), la proyección mental esotérica es del todo consciente, creativa, intuitiva, y en algunos casos hasta espiritual, pero casi nunca falsificada, impostada ni mezquina.

Al menos así lo propone Jay Tatsay, dándole mayor importancia a la perspectiva esotérica que a la psicológica.

La psicología ha sido tremendamente dualista, pues le ha dado lugar a eso que llamamos alma tanto como a eso que denominamos mente, e incluso al alma y a la mente como a una misma cosa, ya sea de forma separada del organismo e inspirada por los ángeles, como dentro del cuerpo y unida a este por la glándula pineal, donde el cuerpo humano no es más que un muñeco, una marioneta del alma o de la voluntad, o un animal que funciona y vive con o sin alma, de una manera casi mágica o natural.

La psicología ha sido acusada de ser poco científica, por así decirlo, y ha sido muy criticada por ello en los centros académicos donde ha sido aceptada forzadamente más como un arte que como una ciencia propiamente dicha.

La ciencia no reconoce al alma como algo cierto, y la exilia de los patrones de comportamiento humano para poner en su lugar reacciones químicas o de respuesta al entorno, algo nada mágico, pero sí concreto.

La mente y el alma, para los no dualistas, son exactamente lo mismo: expresiones del cerebro, químicas, físicas u hormonales, y no hay más subconsciente que el consciente mismo o que la ignorancia, es decir, que lo que no se apega a la ciencia es mito, deliberado o no, pero mito, al fin y al cabo.

Las tradiciones, sobre todo las occidentales, nos llevan a decir que las emociones y los sentimientos están en el corazón, como una manera de hablar, pero no como una propuesta de realidad y operatividad científica.

Y si la psicología tradicional y dualista queda fuera de lo científicamente comprobable, la visión esotérica de la proyección de la mente y de los pensamientos queda del todo fuera de juego: funciona, sí, pero no tiene un modelo funcional que se pueda repetir siempre, ni unas normas y unas leyes concretas que permitan su funcionamiento.

La proyección mental esotérica queda en el terreno de la magia, el alma, el espíritu, y hasta del cerebro en su función creativa, onírica e imaginativa, donde la ciencia no encuentra asidero alguno, y a la vez es innegable su presencia, como toda creencia, divinidad, mito o fábula que produce precisamente la mente, nuestro cerebro.

Negamos lo que no podemos demostrar científicamente, pero no podemos negar su existencia porque está presente en casi todo lo que hacemos en este mundo, desde lo banal hasta lo serio y consecuente.

Dios está en el cerebro como una idea

Pasa algo similar cuando alguien dice "bendito sea dios", sin ser creyente ni nada que se le parezca, sino simplemente porque es una expresión banal que utilizamos todos los días.

Sí, para la ciencia incluso las creencias esotéricas o religiosas están en la cabeza, en el cerebro, y son muy funcionales socialmente en muchos sentidos, pues dan cohesión grupal e identidad de procedencia, pero no son más que ideas y pensamientos que nacen, se reproducen y mueren en la cabeza de todos y cada uno de nosotros; Dios, sin querer ofender a nada ni a nadie, está en el cerebro, lo mismo que Buda, Mahavira y el Emperador Amarillo, Shiva o Huitzilopochtli, y son una sensación irrebatible aunque no se pueda demostrar científicamente su existencia.

El nombre es lo de menos, el concepto de divinidad es lo que importa, ya sea en forma de consuelo, promesa o elevación espiritual, es decir, lo que está en el cerebro y que se expresa en el comportamiento, ánimo o represión de nuestros actos y cuerpo.

Con sus cien mil millones de neuronas, su plasticidad y creatividad, podemos decir perfectamente que el cerebro lo es todo (alma, corazón, pensamiento y vida), y desde él podemos proyectar todo tipo de impresiones, actitudes, actos y comportamientos que nos favorezcan, y Jay Tatsay se ha propuesto en este libro enseñarnos cómo hacerlo diciéndonos:

"Consigue lo que deseas, simplemente proyectando tu pensamiento".

DR. TAPIÁ

INTRODUCCIÓN
¿CÓMO PROYECTAR EL PENSAMIENTO?

Te veo, aunque no estés presente,
te oigo, aunque estés lejos o ausente,
tu perfume me persigue,
siento tu piel en mi piel,
suave, tibia y ardiente,
estás dentro y fuera de mí,
te llevo siempre en la mente.

CANTO POPULAR

¿Qué es la proyección mental? Desde el punto de vista esotérico, es una técnica de meditación milenaria que aparece en los textos del Ayurveda (medicina hinduista), que consiste en centrar el pensamiento en el tercer ojo junto a un mantra (sonido), un mudra (gesto) o un símbolo (ícono o pensamiento) para proyectar el alma y la mente, y con ello conseguir lo que deseamos o lo que llevamos dentro.

La proyección mental puede hacerse de una forma sencilla y sin requerir de lo que otras meditaciones requieren, como silencio, devoción, paz, un lugar tranquilo, una postura de yoga o similares, porque, de hecho, estamos constantemente aplicándola en nuestra vida cotidiana y hasta en nuestros sueños.

De una o de otra manera, incluso los pensamientos más simples son una proyección del ser interno, del alma y del cerebro, a veces positiva, a veces negativa, pero continuos y constantes; ob-

17

sesivos como en el amor o la ciencia, o frágiles y volátiles como una distracción más de la mente.

Las obsesiones, por ejemplo, son una proyección mental que no suele hacernos demasiado bien, pero que muy a menudo no podemos evitar.

Nuestra actitud ante la vida y la existencia también es otra forma de proyección mental que lanzamos a quienes nos rodean, tanto de manera consciente como de manera inconsciente.

El pensamiento es una emisión constante de nuestro ser interno que se refleja en el exterior de nuestra personalidad y de nuestros actos, y que puede atraernos simpatías o antipatías sin que nos demos cuenta, aunque, por supuesto, también podemos hacerlo de manera consciente para marcar territorio e incidir en las personas o animales que nos rodean, ya sea a través de la sonrisa o a través de la cara de rabia, violencia o enfado.

Pensar, bien o mal, todos pensamos, y lo hacemos desde nuestro particular nivel de consciencia, pero pensamos, y a través de nuestros pensamientos creamos y recreamos nuestra realidad, la modificamos, la dramatizamos y la hacemos peor o mejor de lo que es en sí misma.

Las ilusiones y la imaginación, tan denostadas por algunos, son en realidad una maravilla, pues de ellas deviene la realidad final que experimentamos todos los días.

El ser humano siempre soñó con volar, algo imposible, pues no tiene alas; sin embargo, creó los vimanas, los aviones, los cohetes, las naves espaciales, y sigue creando e imaginando una y mil maneras de surcar el cielo y el espacio.

Y aquí estamos, volando todos los días, tanto que contaminamos el aire que respiramos, pues muchas veces lo que creamos con el pensamiento no lleva el remedio para los males que puede provocar, pero ya aprenderemos a pensar de una manera más limpia y ecológica para que nuestras creaciones no vengan con efectos secundarios añadidos, que es algo que nos falta al dar vida a nuestros sueños, pero que ya lograremos algún día.

En el lejano pasado soñamos que volábamos,
y hoy volamos todos los días

CIENCIA Y MAGIA

La ciencia fue magia el día de ayer, y la ciencia ficción de nuestros días parece estar más cerca a cada hora que pasa.

La física cuántica puede ser la puerta a velocidades superiores a las de la luz, y también a las relaciones entre el pasado, el presente y el futuro, sin la causalidad a la que estamos acostumbrados.

Al final, todo va a ser un vórtice, como cuentan las más antiguas leyendas, una espiral kármica que no tiene arriba ni abajo, derecha ni izquierda, y que se manifiesta en cualquier tiempo, espacio, realidad y época, sin que ello modifique la secuencia de los actos ni cree paradojas imposibles de resolver en estas vidas de línea recta que llevamos sin salir de la tercera dimensión.

Samsara, la espiral kàrmica,
más allá del tiempo y del espacio

Imaginamos la cuarta dimensión, pero no la vemos, y no sabemos si es el tiempo o cualquier otra medida, y sin embargo sabemos que está ahí, de la misma manera que están las tres dimensiones que conocemos y en las que nos movemos, con lo que, si estuviéramos inmersos en solo dos dimensiones, seríamos incapaces de ver la tercera, el volumen, al que tendríamos como algo teórico y posible, pero que no podríamos demostrar fehacientemente, simple y llanamente porque no la veríamos.

De hecho, tenemos problemas para plasmar nuestra propia y cercana tercera dimensión, nos cuesta llevarla a la pantalla, y para dibujarla recurrimos a la perspectiva o ilusión óptica de ella misma.

Vemos en dos dimensiones cuando plasmamos la tercera dimensión sobre un plano, y lo que plasmamos no siempre corresponde con la realidad, a menos que sea un plasma tridimensional, válgase la redundancia, que no es más que otra ilusión mental del mundo que nos rodea.

Tenemos problemas de visión tanto en lo macro como en lo micro, con lo que lo demasiado grande, o el espacio interestelar mismo, así como el mundo subatómico son más una recreación ilusoria que una realidad.

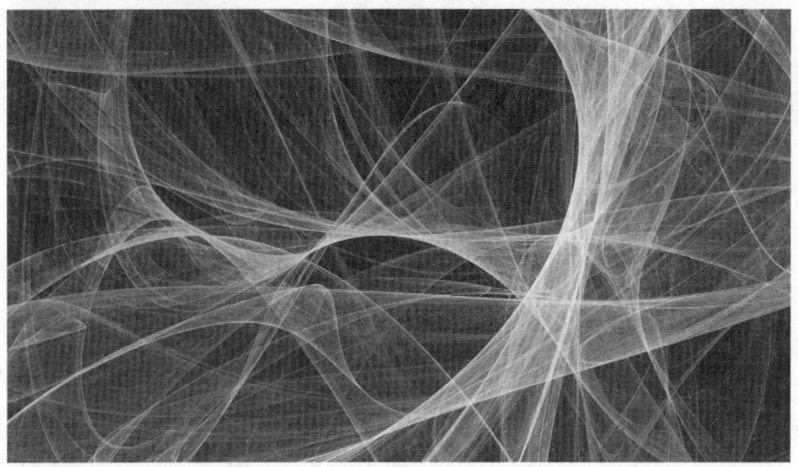

Teoría de cuerdas, o cómo explicar lo que no se ve

No sabemos dónde están los electrones, tampoco conocemos su forma real, y a pesar de ello intuimos, por medio de la observación, si se comportan como partículas o como ondas, y hasta los aceleramos, transformamos, utilizamos, dibujamos, imaginamos y hasta fotografiamos, porque aunque no los veamos ellos están en nuestra mente y los intuimos como otras tantas propuestas físicas y matemáticas.

Según la teoría de cuerdas (propuesta en 1974 por Jöel Scherk y John Henry Schwarz), por simples y puras exigencias matemáticas debe haber al menos diez u once dimensiones, de las cuales no tenemos acceso a ocho, pero las pensamos, somos capaces de imaginarlas y de proyectar nuestros pensamientos sobre ellas, teorizándolas y dibujándolas, aunque no podamos demostrarlo de momento.

MATEMÁTICAS Y PROYECCIÓN
DEL PENSAMIENTO

Rody, mi profesor de matemáticas en Bombay, aseguraba, como todo genio matemático, que la enseñanza de estas estaba lastrada por intereses oscuros para que los estudiantes, perezosos de por sí, no descubrieran la magia y belleza que hay en ellas.

La India es tradicionalmente un centro de grandes genios matemáticos, con el cero como bandera y una enorme influencia en el siglo XX americano debido a sus aportaciones a la computación.

En la India se sabe que las matemáticas son un lenguaje y que no son exactas ni consistentes del todo, pero sí una increíble herramienta para deducir los grandes y pequeños misterios del universo, útil en todos los campos de la creación, investigación y ciencia humanas.

Si hay un lenguaje universal y divino, se dice en la India, es el de las matemáticas, porque en ellas se encuentra el pensamiento abstracto que le da forma a todo lo que se considera real, e incluso a lo que se considera solo una posibilidad de futuro.

Cero y uno. Hay o no hay. Eso es todo. El dos

es ya una abstracción con graves problemas en el sistema decimal, pues no hay número que multiplicado por sí mismo de dos. Se puede dibujar su cuadrado y su raíz cuadrada, pero no se puede operar en términos de exactitud, lo que también sucede con otra genialidad matemática, el número Pi, que no es exacto y que siempre dejará un punto de fuga en el círculo que calcule, y aunque sea mínimo ese punto de fuga, hay que ser consciente de su inexactitud.

Con los volúmenes y las circunferencias hay más problemas.

La gravedad, o fuerza de gravedad, ni es constante ni es exacta, como quizá también lo sea la velocidad de la luz, con lo que los 9.8 metros sobre segundo al cuadrado con los que cae o atrae a los objetos al centro del planeta, se redondea en 10 sin que pase nada, porque funciona la mar de bien, pero ahora sabemos que ni es fuerza ni consta de gravitones ni se puede conjugar con las otras fuerzas del universo: nuclear fuerte, nuclear débil y electromagnetismo, por lo que hasta el día de hoy no hay una ley ni teoría suficiente del todo.

Las matemáticas son un portento en lo que a proyección de pensamiento se refiere, pero de momento no son capaces de explicarlo todo.

Casi todo se puede matematizar, pero queda mucho, o poco, que no pueden abarcar las matemáticas, aunque todos los días lo intentan.

Por ejemplo, no pueden precisar cómo ni por qué somos capaces de crear realidades a través de ellas mismas o simplemente proyectando nuestro pensamiento, sin recurrir a ellas ni a ningún otro cuerpo de la ciencia.

La magia sigue teniendo sus poderes y sus misterios.

¿CÓMO PROYECTAR ENTONCES EL PENSAMIENTO?

Pues proyectamos pensando, imaginando, intuyendo símbolos, realidades, conceptos, viendo interiormente algo o a alguien, para proyectarlo a partir, principalmente, de nuestro tercer ojo (todos y cada uno de los chacras son capaces de proyectar pensamientos afines a su condición particular) hacia el exterior en la medida de nuestros intereses o deseos.

La visión y proyección del tercer ojo

¿Así de sencillo?, piensas. Sí, inevitablemente, luego existes y proyectas tus pensamientos, según René Descartes, para seguir tu propio sendero en este multiverso.

Puedes hacerlo caminando, de pie, sentado o acostado. Tomando consciencia de tu respiración o respirando sin apenas darte cuenta.

Ponerte una gema en el tercer ojo, o simplemente poniendo una gota de color rojo en el entrecejo (incluso una moneda pequeña o una gota de saliva sirve para sensibilizar y abrir el tercer ojo).

¿QUÉ ES EL TERCER OJO?

El tercer ojo, o ajna chacra, "el que está más allá de la sabiduría", y que René Descartes situaba en la parte central de la cabeza para emerger por la frente y "ver" con el alma lo que habitualmente no vemos físicamente.

No es solo una sensación de vórtice, como dicen algunos, sino algo físico con una capacidad de visión y proyección insospechadas que podemos utilizar para percibir y retribuir lo percibido.

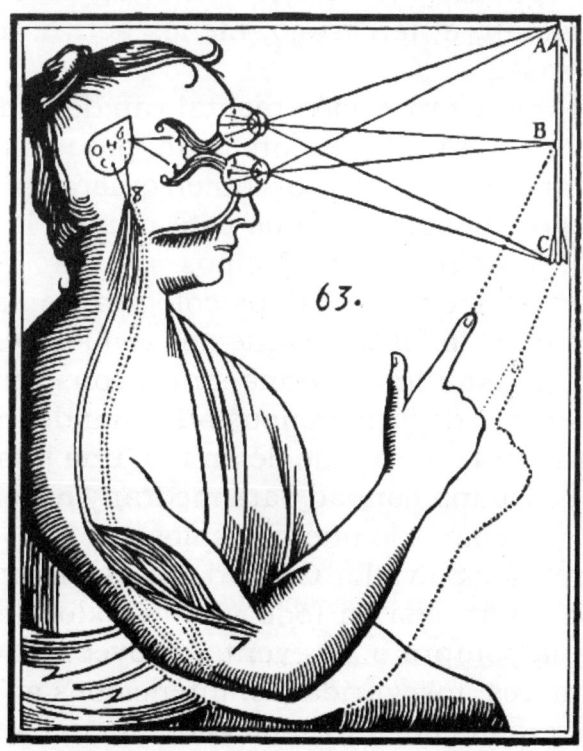

El tercer ojo, según Descartes

De hecho, nuestros sentidos de la vista, el oído y el olfato son muy deficientes, o están muy limitados a rangos, intensidades y oscilaciones de onda que nos impiden ver la realidad circundante tal y cual es.

Tenemos la capacidad intrínseca de ver más de lo que vemos. De oír mucho más de lo que oímos. De sentir más de lo que sentimos. Y de oler miles de aromas más de los que olemos. Sin embargo, nuestro cerebro, o nuestra pereza y laxitud, elige ver, oír, sentir y hasta degustar solo una parte e ignorar el resto.

Nuestro tercer ojo ve mucho más de lo que somos conscientes, pero también lo hacen nuestros nervios ópticos, y si los ojos comunes y corrientes nos engañan, el tercer ojo, menos activo, lo hace mucho más.

Tercer ojo y proyección mental van de la mano a lo largo y ancho del presente texto, para enseñar a proyectar su pensamiento a quien quiera aprender, y así logre conseguir lo que este mundo le ofrece desde el principio de los tiempos.

La proyección mental psicológica es, simple y llanamente, la forma en que nos ven los demás, y que les transmitimos de manera inconsciente generalmente, o de forma impostada cuando intentamos aparentar un estado de ánimo, una jerarquía, un interés o una bondad para medrar y hacer creer al otro que somos lo que no somos.

El profesor Salvador Giner decía que la hipocresía, ese fingir casi en todo y para todo, desde el amor a la compra o a la venta, proyectando miedos, temores, inseguridades, intenciones aviesas o santas, era el cemento social con el cual se mantenían las relaciones humanas y se evitaban más guerras y asesinatos de los que hay.

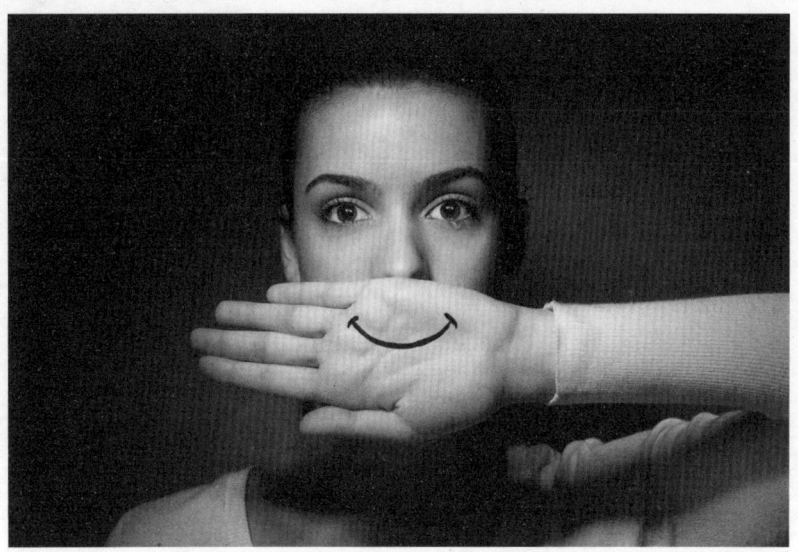

Fingimos, y al fingir nos proyectamos mentalmente

Como te ven te tratan, y quien proyecta una sana alma y mentalidad suele atraer todos los bienes de este mundo y ser considerado un puntal del grupo y de la sociedad, incluso si no tiene ningún anhelo o interés en ser alguien especial, porque los demás lo seguirán viendo superior, destacado o interesante, sobre todo, o incluso, los niños y los animales.

JAY TATSAY

I
¿ES POSIBLE CREAR EL UNIVERSO CON LA MENTE?

No hay nada imposible
para la mente humana,
solo hay que tener fe, paciencia
y estudiar y experimentar
hasta que se consiga hacer realidad
la idea proyectada.

ALBERT EINSTEIN

Si está en la mente, si se puede imaginar, seguro que se encuentra en algún lugar del multiverso, y, por lo tanto, se puede convertir en realidad constante, sonante y palpable, pues la mente es solo un filtro de lo que ya existe, de lo que ya hay, es y existe de alguna manera en el universo.

No hay nada nuevo bajo el sol, y a la vez todo es una maravillosa novedad, tanto si se descubre como si se inventa.

Todo amanecer es el primer amanecer de nuestra vida. Todo amor se inventa, se descubre y se reinventa para convertirse en una mágica realidad siempre fresca, siempre apasionada, siempre nueva.

Todo está ahí, esperando ser rescatado del olvido para ser creado de nuevo.

La vida en sí es una poesía de largo aliento que se reencuentra consigo misma a cada verso, a cada día de existencia sobre esta tierra.

Cuando nacemos ya todo está aquí, esperándonos junto a la vida como un don divino, las estrellas incluidas y miles de millones de cosas terrenales y estelares que aún no acabamos de comprender porque no las conocemos ni las intuimos siquiera.

Los neutrinos, esas subpartículas atómicas que nos atraviesan constantemente y que quizá vayan más rápido que la luz, junto con los taquiones y los muones, eran solo una teoría hasta hace pocos años, pero están ahí y gozan de una energía tremenda, y a la vez neutros, pues casi no tienen masa y carecen por completo de carga positiva o negativa que los atraiga o rechace de otras partículas y materia.

El universo visible y hasta palpable, que nos rodea, está lleno de misterios que tenemos ante nuestras narices, con lo que el universo no visible, ese al que llaman materia y energía oscura, es todavía miles de millones de veces más misterioso, tanto que, hasta la idea de una inteligencia creadora, una deidad única trascendente que lo es todo, se queda corta.

Ante esa inmensidad, nosotros, los orgullosos seres humanos, no somos nada, a la vez que lo somos todo porque somos precisamente nosotros los que nos inventamos, o descubrimos, tanto a las deidades como la inconmensurable magnitud del cosmos.

Proyectamos nuestro pensamiento y, de golpe y de pronto, todo está ahí, aunque nunca lo hayamos visto.

Actualmente, con la vida urbana y la contaminación lumínica, hay quien nace y muere sin ver las estrellas en el cielo, porque solo ha visto en una pantalla su dramatización, una simulación de los astros, un bosquejo artístico, sin llegar a sospechar nunca que los planetas, las estrellas, los cuásares, las enanas rojas y los agujeros negros, entre muchos otros cuerpos celestes, no son como aparecen en la televisión o en las películas de ciencia ficción, sino muy diferentes.

La vía láctea fue considerada el universo entero

Y es normal si tomamos en cuenta que la vía láctea, que ni es vía ni es láctea, sino quizá el brazo de una galaxia en espiral, como suponemos que es la nuestra, fue tomada como el universo entero durante miles de años.

El sol, nuestro sol, no es amarillo, es blanco como casi todas las estrellas, y los agujeros negros ni son agujeros ni son negros, y tampoco devoran toda la energía que pasa a su lado, incluso expulsan una buena cantidad de la energía que atraen o que se "comen".

Intuimos, creemos, creamos, proyectamos nuestro pensamiento y, como por arte de magia, nos inventamos un universo maravilloso, con leyes y normas, formas y comportamiento que quizá no es como imaginamos, pero que así lo moldeamos y lo transmitimos como enseñanza valiosa a los que vienen detrás de nosotros.

Posible imagen y apariencia de nuestra galaxia

Los modelos matemáticos y físicos nos ayudan a crear y moldear esa realidad, pero eso no quiere decir que la realidad sea realmente esa, como en el caso de nuestra galaxia, a la que decimos conocer, cuando no hay telescopio que se eleve lo suficiente como para fotografiarla como aparece en los libros de texto y en las series de televisión.

¿Cómo es realmente nuestra galaxia? No lo sabemos, pero asumimos que se parece a Andrómeda, a la que sí podemos fotografiar desde los telescopios en órbita o terrestres, y aunque también lo que decimos de ella son puras especulaciones, por lo menos la vemos espiral y nos gusta su aspecto.

No tenemos ni idea de cómo puede ser el universo conocido, y hemos pasado de imaginarlo plano, por donde no se puede ir ni viajar por arriba ni por abajo, a imaginarlo redondo, como una campana o como una especie de dona o donut, e incluso como una dona que se tuerce por en medio dando la sensación de infinito, algo que se lograría también si el universo conocido fuera esférico, pero la verdad es que no tenemos ni idea, por lo que chocar con el cinturón de asteroides de Kuiper (descubierto apenas en 1992) que rodea al sistema solar, parecería inevitable para algunos, aunque no son pocos los astrónomos que creen que se podría sortear por arriba, por abajo, por el híper espacio o hasta por un agujero negro o un túnel de gusano.

Tampoco sabemos dónde estamos exactamente dentro de nuestra propia galaxia, pero intuimos, por lo que vemos en el cielo, que es al final de uno de sus brazos (si es que en realidad los tiene), aunque también es posible que estemos en el medio, y no cerca del centro, donde la luz de las millones de estrellas que la componen nos impedirían ver otra cosa que luz, mucha luz. Una luz blanca, continua y eterna, como de la que hablan diversas religiones, de la cual venimos y a la cual vamos tras nacer y morir en este planeta, porque al fin y al cabo no somos más que polvo de estrellas.

Y si eso sucede con el universo y las estrellas, no es muy diferente lo que sucede con nuestro planeta, del que solo conocemos, y no del todo, la superficie.

¿NOS INVENTAMOS EL MUNDO?

La mente observa y recoge luz a través del nervio óptico, pero también emite luz, o fotones que rebotan en los objetos más densos y que tienen diferentes longitudes de onda a las que llamamos color (o también sonido), vibración molecular y carga electromagnética.

Muchas de las cosas y fenómenos que nos rodean no responden hasta que las observamos directamente, como si la misma materia o la luz tuviera comportamiento propio y reaccionara a nuestras observaciones, ya sea como onda o como partícula, y quizá de otras maneras que hoy por hoy no comprendemos; y no es que la materia inerte esté viva, pero sí que se organiza dependiendo de las condiciones a las que se ve expuesta.

Por otra parte, nuestros sentidos son bastante limitados, y es más que posible que las cosas en realidad no sean como las vemos, incluidos nosotros mismos, que podemos tener un aspecto menos agradable (o al que no estamos acostumbrados) del que suponemos, ya que al estar formados por un 85% de agua, unos ojos más analíticos y menos limitados podrían vernos como una masa de agua, sangre y cartílagos poco agradables, o al menos muy diferentes a lo que creemos ver cotidianamente.

No vemos la cuarta dimensión, ni percibimos más color que los que se encuentran entre el infrarrojo y el ultravioleta; sin embargo, construimos una y mil realidades con lo que pobremente vemos.

Proyectamos nuestro pensamiento con unos aspectos y apariencias que quizá ni siquiera existen, e inventamos social y culturalmente lo que es la estética, la belleza y la armonía visual.

Creamos un mundo a través de órganos y sentidos que no son capaces de ver, oír, sentir, oler y degustar lo que tienen enfrente con toda precisión, y le añadimos la construcción social y cultural para acabar de inventarnos valores, ciencias, normas y hasta modelos espirituales, o divinidades a nuestro gusto y medida.

¿Cómo es posible que los ángeles y los dioses sean sistémicos, interesados, celosos y capitalistas?

Simple y llanamente porque así los concebimos, así los creamos, así los hacemos y así los proyectamos mentalmente, aunque sean de mil maneras diferentes o simplemente no existan y sean solo eso, proyecciones de nuestra mente, muy útiles a veces, pero proyecciones, al fin y al cabo, que les dan forma a las cosas, los sentimientos, las emociones y hasta a los objetos y a la realidad cotidiana.

La Tierra plana

La verdad es que muy pocas civilizaciones, en lo que conocemos de historia, se han planteado la idea de que la Tierra sea plana, y mucho menos las culturas que viajaban por el mar o las que vivían en lo alto de las montañas; el resto parecía que tenían claro que estaban sobre una esfera, la cual estaba a su vez sobre una tortuga, como en China; los hombros de Atlas, como en Grecia; flotando sobre un inmenso mar, según los egipcios y los mayas; o flotando y cayendo eternamente, aunque sostenida por un árbol milenario, como en África; pero plana, lo que se dice cuadrada o redonda, solo en algunas culturas y no siempre, como entre los vikingos y los íberos, que pensaban que plana o redonda, y quizá hasta algo esférica, tenía fin, un

Finisterrae o Finisterre, por donde caía y se perdía el agua de los océanos para siempre, o quienes se atrevieran a llegar tan lejos.

Redonda y con montes, pero plana del todo

Todo océano era un límite, un final para los que la consideraban plana, hasta que navegaron y vieron que no se acababa nada, sino que volvían al mismo lugar del que habían partido cuando el viaje era excesivamente largo.

Más peligroso era el escorbuto que las cascadas del fin del mundo, y los mares encerrados, como el Negro o el Mediterráneo, ni siquiera representaban ese peligro.

Entre los semitas, que influyeron mucho sobre los judíos y sus creencias, la idea o proyección mental del mundo era plana, pero los geómetras árabes, fenicios y griegos (Eratóstenes), al ver el movimiento del sol y las diferencias de inclinación de las sombras del Delta del Nilo a la ciudad de Asuán, unos 800 kilómetros, les daban buenas pistas de que de plana la Tierra no tenía nada, sino que era redonda como una circunferencia, o como una manzana.

Un poco de trigonometría, y la evidencia estaba clara: la Tierra era esférica y hasta se podía calcular su tamaño: unos 40 mil kilómetros.

Convencer a una persona terraplanista con estos cálculos no es nada fácil, incluso si sabe de geometría y trigonometría elemental, porque, aunque los números se lo digan, no puede ver físicamente el horizonte curvo del planeta y su alma y su mente se niegan a comprender lo que se les dice y demuestra.

Un creyente terraplanista puede ver la curvatura en el horizonte, y hasta observar que el mar parece estar más alto que la tierra, a la vez que el mar engulle y hace pequeño a todo barco por grande que sea cuando cruza la línea del horizonte, pero para el terraplanista no es suficiente, pues sigue sin ver claramente que el horizonte es una curvatura, y piensa que si el mar no se sale de sí mismo e inunda la tierra, o si se "traga" a los barcos, es por un designio divino, y no porque represente una curva. Además, si no la ve de forma transversal, no la va a aceptar como tal si la ve de frente. Quizá su mente no le da para más, ni quiere que le dé para más, porque de hacerlo tendría que aceptar lo que tan valiente y neciamente ha negado.

Personalmente, y para bosquejar un ejemplo de necedad, yo a los 18 años me negué a aceptar que la palabra estío era sinónimo de verano, y discutí y defendí mi ignorancia a pesar de que en cierto momento de la discusión ya había entendido que estío y verano eran lo mismo. Hoy me río (la vergüenza pasó hace años), pero en aquel momento me hubiera dejado matar defendiendo algo del todo indefendible solo porque en ello me jugaba un prestigio. Creo que la mayoría de los creyentes en algo o en alguien hacen lo mismo.

Hay miles de millones de cosas que no vemos;
sin embargo, existen, incluido nuestro propio planeta

"Lo que se ve no se juzga", diría el poeta; sin embargo, muchas de las cosas que vemos nos engañan, son una ilusión óptica, un defecto de nuestra córnea, un juego de luces y sombras donde nada es lo que parece, con lo que nuestras interpretaciones y proyecciones mentales al respecto están equivocadas sin que nos apercibamos de ello.

También hay miles de millones de cosas que no vemos, como los átomos, el número cero o los sentimientos; sin embargo, existen, incluido nuestro propio planeta.

MODELAJE

Sí, modelamos e interpretamos el mundo y el universo con lo que vemos; primero, con lo que pensamos; después, con lo que experimentamos o calculamos en el laboratorio, hasta tener más o menos una certeza que nos permite apreciar el mundo que nos rodea en su verdadera dimensión.

Proyectamos nuestro pensamiento sobre lo que creemos y entendemos, pero también sobre lo que identificamos como verdadero porque así lo dice un sabio, un libro o una etiqueta, e insistimos muchas veces en ello sin hacer un análisis riguroso de nuestras creencias, tanto porque ya hemos invertido tiempo y prestigio en ello, como porque odiamos no tener la razón casi en cualquier tema, lo que nos hace odiar a quienes piensan lo contrario, o sumarnos alegremente a los que piensan igual o parecido a nosotros.

Modelamos la realidad física de nuestro entorno, pero también modelamos a la gente que nos rodea, la criticamos y señalamos lo que consideramos defectos, a menos que se doblegue ante nosotros o nos ofrezca algo que nos interesa.

Proyectamos mentalmente las realidades físicas y morales, científicas y emocionales, tanto por ignorancia y torpeza, como por interés, sano o malsano, o porque creemos que algo ganamos al pensar y proyectar el pensamiento de esa manera.

Los defraudadores saben casi perfectamente que no nos mueve la bondad, sino el prestigio social, el quedar bien, el sacar tajada de algo, y nos manipulan con facilidad para que caigamos en la trampa y hasta agradezcamos que nos hayan robado y engañado. Sí, la publicidad, la política y las grandes religiones hace tiempo que conocen nuestras debilidades anímicas y mentales, y las explotan continuamente, a sabiendas de que incluso les vamos a dar las gracias por hacerlo.

La proyección mental de los poderosos está clara, no se esconde, incluso si con ella nos quitan la vida y nos condenan a la guerra, por ejemplo, si no la seguimos o si la criticamos nos dejan mal ante la sociedad y ante la familia, y nos convierten en los malos de la película por no doblegarnos a sus mitos y mentiras, y nos señalan y nos llaman "negacionistas", aunque en lugar de negar estemos afirmando algo, como que hay cepas de virus que nunca aparecieron, y vacunas que nunca tuvieron un principio activo para acabar con el virus cuya cepa nunca existió más allá de las palabras, la OMS y los medios de comunicación.

La proyección mental de la verdad tiene pocos adeptos, pero vale la pena ser uno de ellos, para proyectar el pensamiento creativo de un mundo más excelso y una humanidad que no necesite ser manipulada para vivir realmente mejor.

INFLUENCIABLES

Sí, los seres humanos creamos mundos y universos, y los proyectamos mentalmente a través y alrededor del cosmos hasta convertirlos en realidad cuando otros seres humanos se suman al mismo pensamiento.

Lo que piensa un solo loco es una locura absurda; lo que piensan cientos de miles de locos es la más pura y clara realidad.

Hay algunas bases animales y biológicas que nos animan a ello, o módulos de evolución cognitiva, como el del intercambio evolutivo, para obviar que los atenienses primigenios detestaban el comercio y la política porque no creaban más que abusos y problemas, y no producían nada, con lo que la mayoría de los intercambios eran verdaderas tomaduras de pelo y acuerdos entre pares para abusar de otros y despojarlos de bienes reales a cambio de espejitos, monedas o incluso joyas, que por estéticas que sean no tienen un valor verdadero.

"La tierra que produce sí tiene valor, no el dinero que la compra", decía Diógenes, pero la proyección mental de tener dinero ha sido más poderosa, tanto que en nuestros días sigue vigente, como denuncian Dorfman y Mattelart en su libro *Para leer al Pato Donald*, donde nos recuerda que ni el oro ni el dinero les sirve de nada a los pobres, pues no saben qué hacer con ellos y siempre los acaban perdiendo, pero un abalorio cualquiera pueden guardarlo y cuidarlo como si se tratara de un imperio, por el valor emocional que le da la plebe a las cosas pequeñas.

El comercio y el dinero, que fueron despreciados por usureros, corruptos, sucios e improductivos, ahora son venerados por el grueso de la sociedad, y ser pobre o no tener dinero es casi un pecado.

"Tu isla y tus mujeres a cambio de una moneda"

¿Cómo es posible que el dinero haya calado tan hondo en la humanidad, que hasta sus dioses y santos sean fuente de milagros monetarios en lugar de elevar el alma?

Sembrar, cazar, recolectar, construir, cosechar, limpiar, trabajar, crear, descubrir, inventar, mejorar los útiles y las herramientas, aprender y enseñar a las nuevas generaciones las artes y las ciencias para que las entiendan, las amen y las mejoren y a su vez las transmitan a otras nuevas generaciones.

¿Vender? Cada quien vende lo que tiene: tierras, comida, frutas, mujeres, hijos, vanidad, dignidad, el propio cuerpo, la casa, o lo que sea, no importa, todo es susceptible de ser vendido, incluso lo que se supone que no está en venta.

Un país se puede vender miles de veces, lo mismo que una piedra o que un sistema económico, político y social, por no mencionar mercancías más cercanas y perecederas.

"Poderoso caballero es don Dinero", cantaba el poeta Quevedo en la España de los hidalgos, que esparcían migajas de pan sobre el pecho para que la gente creyera que habían comido. Los hidalgos no trabajaban ni producían nada, incluso nada vendían que no fuera su dignidad, mal vivían de escasas rentas o de préstamos eternos que no pagaban nunca. No sabían sembrar, cazar, pescar ni cosechar absolutamente nada de nada, y servir a otro les parecía deleznable, pero a pesar de todo querían tener dinero o al menos aparentar que lo tenían.

La verdad es que proyectaban miseria, y miseria era lo que obtenían.

Somos influenciables, sí, pero también influenciadores, y los demás ven en nosotros lo que proyectamos mentalmente, y si bien podemos engañar a algunos algunas veces, no podemos engañar a nadie todo el tiempo, de tal manera que, si alguien se queda con nosotros a pesar de que proyectemos lo peor de nosotros mismos, probablemente es porque cree que va a sacar tajada de nuestra miseria.

¿Por qué seguimos a un líder?

POLÍTICA

Desde que éramos simios hasta nuestros días, seguimos a un líder por admiración, autoengaño, interés malsano o identificación, e incluso por miedo a que nos mate, viole o haga de nuestra existencia una miseria.

Le otorgamos el poder a uno o a un grupo, y hasta lo defendemos de la forma más baja y artera, perdiendo la poca o mucha dignidad que creíamos tener, pero también somos capaces de defenestrarlo y lincharlo si cae de nuestra gracia, nos hacemos poderosos o no responde a nuestros verdaderos y ocultos intereses.

Nos proyectamos mentalmente en el líder, y buscamos reflejarnos en él, tanto en sus bondades como en sus maldades, y lo seguimos por lo menos hasta que termine su mandato, tropiece o se muera.

Por supuesto que la responsabilidad es de él, y sus errores y triunfos son del todo suyos, lo mismo que el desprecio que sienten por él sus detractores o las burlas que le hacen la mayoría del pueblo, los que no creen ni dejan de creer en él, los que no lo defienden ni lo matarían ahora mismo, porque para la mayoría, que es sabia aunque no se le note, todo líder es temporal, y ya vendrá otro que ilusione o desilusione a los creyentes que aman ser fanáticos a favor o en contra del que aparezca para liderar y gobernar a las masas.

En suma, que el mundo no es lo que es, el mundo es lo que nos hemos inventado y que repetimos generación tras generación, con algunos cambios y novedades, sobre todo tecnológicas más que científicas, ciertos arreglos sociales que mal basculan entre un tipo de represión a otro tipo de represión y a los que actualmente se les llama izquierda y derecha, o socialista y capitalista, cuando la realidad es que no hay otra cosa que interés y deseo de poder.

El líder, por supuesto, proyecta liderazgo, poder, astucia, cierta maldad, promesas, capacidad, suerte y hasta sensualidad para muchos de sus fanáticos seguidores, que se rinden a sus pies y se emocionan si lo tienen cerca.

Por supuesto, el líder, sea quien sea, es un simple, falible y débil ser humano, con sus luces y sus sombras, no es nada ni nadie especial, que sufre, goza, enferma, sana y, finalmente, muere, pero se proyecta como lo hace todo famoso, con mucha publicidad y dinero, y aupado por una serie de poderes fácticos a los que les interesa mantener sus privilegios, y gusta o no gusta a la gente dependiendo del grado de identificación que tenga con el pueblo que va a gobernar.

No importa si es bueno, malo, tonto o sabio, sucio o limpio, sano o degenerado, se parecen a él, es decir, que se identifiquen, o que lo vean como el padre, la madre, el amante, el hijo o el héroe de televisión y novela que desean ser o tener, y con eso es suficiente, es decir, con proyectarse mentalmente en el líder mientras él se proyecta en ellos.

¿Y si todo eso falla?

No fallaba ni con los peores reyes y tiranos que en el mundo y la historia han sido, pero si falla el sistema, siempre queda el recurso del miedo, como decía Maquiavelo, o la imposición, que esbirros y sicarios no van a faltar para alabar al que manda y reprimir al que no se deja mandar.

*Incluso Hitler y Mussolini tenían
sus fieles y amantes seguidores*

Una buena guerra, una peste, una masacre, una larga hambruna, una amenaza cualquiera, interna o externa, siempre son bienvenidas cuando los pueblos se alteran y de verdad desconocen al que manda.

Proyectar mental y anímicamente miedo, incluso si su base es absurda y nada o poco demostrable, generalmente es un buen recurso para que los líderes recuperen el control de sus poblaciones, los encierren en sus propias casas, los humillen y encima den las gracias por ser humillados.

Hay muchas distracciones funcionales, pero el miedo debe estar siempre presente para mantener sumisa a la población, y que acepte el mando de un líder que supuestamente va a protegerle.

Por supuesto, también se puede inmolar al que manda y patrocinar a un nuevo mandatario, pero ese suele ser un recurso extremo que se utiliza en la actualidad muy de vez en cuando.

Como dice el Dr. Tapia, "no hay gobierno bueno, y mientras el ser humano necesite ser gobernado, no valdrá la pena ser humano". En otras palabras, si necesitas a un líder, es que estás proyectando mentalmente la incapacidad de gobernarte a ti mismo, con lo que dejas la puerta abierta a que alguien te someta y haga de ti lo que mejor o peor le parezca.

Pero dejemos al mundo, y a sus miserias y sistemas, a un lado y demos un paso hacia algo más trascedente, nuestro propio ser interno, nuestro espíritu, que puede volar por encima de toda la suciedad sin que sus alas se manchen, proyectando lo mejor de su alma y de su mente para que la experiencia vital que pasaremos en esta vida y en este planeta, sea lo más placentera, satisfactoria y elevada posible, y todo ello sin despreciar la materia, porque de materia también estamos hechos y podemos proyectarla hacia lo más enriquecedor a través de nuestra alma y de nuestra mente.

II
¿Viaje astral o proyección mental?

Eres lo que proyectas
desde lo más hondo
de tu ser y de tus pensamientos,
procura que sea lo correcto.

LAO TSE

Hay cierta confusión entre lo que es una proyección mental y lo que es propiamente dicho un viaje astral, que pueden llegar a parecerse, y mucho, incluso que la proyección mental sea uno de los senderos hacia la espiritualidad, ya que de la proyección mental se puede pasar al viaje astral, y viceversa, con lo que a menudo es algo difícil diferenciarlos y distinguirlos.

Por una parte, y para los grandes maestros, el viaje astral, el verdadero viaje astral en el que el cuerpo espiritual se libera de los cuerpos físico, mental y emocional, se da muy pocas veces en la vida (a veces al borde de la muerte), por lo que la mayoría de "viajes" y desdoblamiento del ser son en realidad proyecciones mentales (sobre todo si están dirigidas por un maestro o gurú), unas más elevadas y sensibles que otras, pero proyecciones mentales, al fin y al cabo.

Viaje astral

El viaje astral se da muy pocas veces en la vida de una persona, una de ellas es cuando está a punto de morir o experimenta una muerte temporal, y al volver a esta vida recuerda parte de la experiencia espiritual, como el desdoblamiento, verse a sí mismo, sentir cómo su espíritu sale del cuerpo físico, y entrar en un estado de paz y armonía que no había conocido nunca.

El cuerpo físico es solo un autómata cuando el espíritu se eleva y se desprende de todo deseo material y emocional que lo une o ata a este planeta.

Nada de lo material o de lo que consideramos humano tiene lugar en el campo astral, solo el espíritu es y está, lo demás es un vago reflejo de lo astral.

En el campo astral no hay ni bien ni mal. Ni arriba ni abajo. Todo lo terreno se queda en la Tierra.

Viaje astral, el Yo después del Yo

Platón hablaba de un mundo o esfera ideal donde todo es perfecto, mientras que los yoguis de la India le llamaban "astral" y muchas creencias y religiones hablaban de lo espiritual.

No es fácil comprender lo espiritual, entre otras cosas porque de este lado de la existencia no conocemos la perfección.

Hasta un plato de comida es perfecto en el plano astral, tanto que jamás es comido, mientras que en el plano presente, físico, psíquico y mental, ese mismo plato es del todo imperfecto.

Hasta la comida sátvica, aunque sana, es imperfecta

El ser humano, una verdadera maravilla de obra orgánica y emocional, no es nada perfecto, aunque nos gustaría que lo fuera, mientras que el espíritu sí es perfecto.

Una de las claves más claras de nuestra imperfección es el hambre, algo contra lo que han luchado los más elevados yoguis durante milenios.

Tenemos hambre y comemos, algo que es sucio en sí mismo. Luego de comer, defecamos, algo más pútrido aún. Después de defecar volvemos a tener hambre, y así continuamente hasta que morimos. Comer es una especie de rémora o pecado. Al comer matamos a otros seres.

En Benarés, por ejemplo, nadie come carne, solo comida sátvica, que es más que vegana y que vegetariana, porque se supone que sus componentes son puros y armónicos con el cuerpo humano, pero incluso así los santones siguen pensando que comer es una especie de pecado, pues todo lo que está vivo siente, y al sentir sufre cuando es devorado, incluso si la naturaleza lo ha dispuesto así.

La naturaleza, el *summun* de lo terrenal, no es nada perfecta ante los ojos de los santones, pues en ella hay muerte, asesinato, abuso, crueldad, suciedad y toda clase de injusticias.

Comer es una injusticia, y quienes comen no pueden ser para nada perfectos, ya que con respirar sería más que suficiente para hacer el recorrido por la vida, dejando al lado todo alimento sólido, líquido o gaseoso, el prana, es decir, el aire puro y aliento de Brahma, tendría que ser suficiente.

La hermosa madre naturaleza, está llena del oprobio de comer y de matar para alimentarse, desde los gusanos y las bacterias hasta los seres orgánicos más complejos y grandes.

Algo está mal diseñado en lo terrenal, o es así para que el ser y el espíritu experimenten lo que es realmente importante, perfecto y sagrado.

La vida ideal platónica, o espiritual, es perfecta, sin daño, mientras que la vida terrenal es imperfecta, con daño.

La vida misma, que conlleva consigo a la enfermedad, la locura y la muerte, no es nada perfecta; interesante sí, curiosa también, pero para nada perfecta.

El cuerpo espiritual no tiene ningún interés en

la vida material, aunque la experimenta, y, dicen los santones, cuando puede, se la quita de encima y se aleja para siempre de ella.

Solo el espíritu es grande y perfecto, y mira desde muy lejos a la vida material.

No hay maldad ni frialdad ni indiferencia o desprecio en el cuerpo espiritual, pero sí muchas ganas de desapego de los cuerpos mental, emocional y físico, es decir, de libertad, al menos eso dicen los maestros.

VIAJE ASTRAL ESPONTÁNEO

Sobre el viaje, o proyección astral, hay mucho escrito, incluso cursos y recetas para lograrlo y conseguirlo más allá de la simple proyección mental:

· Pureza de cuerpo (no comer ni beber varias horas antes).

· Pureza de mente (pensar limpiamente varias horas antes).

· Pureza de corazón (amar al universo entero de forma desinteresada).

· Realizarlo a las 4 o a las 6 de la mañana, junto con la vigilia del amanecer.

· Realizarlo a las 6 o a la 7 de la tarde, junto con la vigilia del anochecer.

· Meditación o pensar sin distracciones, sobre todo vaciando la mente de ideas, preocupaciones o deseos.

· Respiración consciente dirigida con se-
cuencias de inhalación, contención y exha-
lación.

· Mantras, o vibraciones armónicas o me-
lódicas, como el famoso Om.

· Mudras, o gestos con las manos, como
unir el dedo pulgar con el índice, o con el
índice y el anular, para mejorar la conexión
con lo espiritual y la armonía electromagnética del cuerpo.

· Posición corporal correcta, como la flor
de loto en el yoga.

· Consciencia de ser y estar.

· Dejarse ir sin temor.

· Viajar libremente dejando toda atadura
lejos del espíritu.

Todos estos pasos, recomendables en algunos
casos para abordar la experiencia de los viajes
astrales, no tienen nada de espontáneo, y mucho
menos si hay una voz cantante que dirija grupal o
individualmente la sesión, pues según los santones, las sensaciones que vienen con el viaje astral
son del todo personales.

Los monjes se pasan años estudiando y siguiendo indicaciones para lograr un viaje astral
verdadero en su vida, muchas veces sin lograrlo en
vida, mientras que no falta el maestro o gurú occidental que jura que viaja astralmente cada noche

o cada vez que se lo propone, y que le va a enseñar a sus discípulos a conseguirlo de la misma manera.

Los verdaderos santones dicen que el viaje astral no se enseña, que puede hacerlo cualquier persona a cualquier edad incluso si no es nada creyente ni espiritual ni esotérica, porque el espíritu lo que busca es libertad, y no sendas trilladas que hablan de un amor y de un mundo (el espiritual), que no conocen para nada.

Todos pensamos, por eso podemos proyectar el pensamiento.

Y todos tenemos espíritu, absolutamente todos, por lo que todos y cada uno de nosotros puede hacer un viaje astral de forma espontánea, todos los días o solo una vez en la vida, que es el viaje astral que todos vamos a hacer tarde o temprano, exactamente el día de nuestro paso al más allá.

LAS SENSACIONES DEL VIAJE ASTRAL

¿Cómo podemos saber si hemos hecho, o no, un viaje astral?

Mahavira decía que el viaje astral puede darse incluso cuando no debe darse, es decir, cuando hay un director o un interés religioso que lo manipula o alienta, pero que podemos saber si lo hemos experimentado por las sensaciones que hemos tenido y que la experiencia del desprendimiento espiritual nos ha dejado.

Según los expertos, las sensaciones de un viaje astral son las siguientes:

· Cierto mareo al iniciarse el viaje.

· Sentir que está temblando levemente, o

de que hay alguien o algo a nuestro lado mientras tiembla.

· Sensación de vaivén o balanceo del cuerpo físico.

· Sentir que gira en círculo el cuerpo físico, a pesar de saber que está fijo en la cama o en el sofá.

· Sentir la separación, es decir, que el cuerpo etéreo se levanta y vuelve a caer, o que gira de atrás para adelante, o de adelante para atrás, como si fuera una hélice sobre el sofá o sobre la cama a alta velocidad y de forma independiente al cuerpo físico.

· Sentir que el cuerpo etéreo se sale del cuerpo físico, y que al salir puede ver al propio cuerpo de carne y hueso inerte en la cama, el sofá, la silla o donde sea que esté, como si estuviera durmiendo y debajo del cuerpo etéreo.

· Ver que se pueden atravesar las paredes o los techos con este cuerpo etéreo, y ver que también se puede viajar a nuestra voluntad por este mundo que conocemos e incluso visitando gente que nos interesa o asistiendo a espectáculos, dejando al cuerpo físico atrás. Este punto se parece a los sueños lúcidos o vívidos, con la diferencia que hasta el momento en el viaje astral controlamos todo y nos movemos a voluntad, y en el sueño no lo controlamos todo.

· Tras este punto similar a los sueños lúcidos, llega el momento de perder el control sobre el viaje astral, y de ver que nuestra voluntad no es suficiente para guiarlo, porque se acelera de pronto y recorre el tiempo y el espacio como si adelantara a los haces de luces y de colores que le rodean o que le acompañan.

· Entonces se puede ver cómo aparecen nuevos mundos y nuevas realidades ante nosotros. Civilizaciones y ciudades enteras humanas o extraterrestres. Naves y seres o entidades que no nos hacen demasiado caso, o que nos llaman "hermano" o algo similar. Alguna de estas visiones puede ser más amigable o curiosa y entablar un diálogo con nosotros.

· Tras ello, algo nos empuja hacia "arriba".

· Luego se llega al sitio donde se sube por el túnel oscuro que conduce a una luz lejana en su final, como explica tanta gente que ha estado muerta clínicamente.

· Siguiendo a la luz que hay al fondo del túnel se llega a un lugar parecido al cielo porque es de un color azul pastel acompañado de bruma o nubes un poco más blancas, aunque no del todo.

· Encontrarse momentáneamente con otros seres, algunos parecidos a los humanos, otros no, posibles deidades menores, o incluso familiares ya muertos hace tiempo, y charlar con ellos de cosas sin importancia o de amables recuerdos.

· Luego desaparecen todos los seres y estamos solos ante la inmensidad, donde a lo lejos se ven una especie de puertas o edificaciones etéreas que flotan.

· Entonces queremos ir más allá, porque se siente una paz enorme y algo que nos llama allá a lo lejos.

· Tratamos de ir hacia lo que creemos que es el paraíso, el nirvana, el cielo, los campos elíseos, el Mictlán, o algo similar según nuestras creencias religiosas o esotéricas, pero no podemos, aunque nos movemos con celeridad.

· De pronto sentimos caer de golpe desde una lejana altura hasta nuestro cuerpo físico de una forma poco agradable por regla general, pues es como si cayéramos a un vacío sin saber por qué sucede esto (algo que puede darse en cualquier momento del viaje astral y que asusta a quien lo experimenta), o porque un ser como el famoso Guardián Azul Hindú, u otra figura sacra o divina, así lo ha indicado al viajero, evitando que llegara más lejos porque todavía no era el momento de dar el paso al más allá, y devolviéndolo a la realidad física y material de forma directa y hasta abrupta.

Caemos al vacío terrenal
tras hacer un viaje astral

· Tras la caída se suele sentir el cuerpo físico muy frío o entumecido.

· También se suele tener la sensación de que el corazón no funciona o de que nos falta el aire.

· Se puede pasar miedo y hasta terror por creer o pensar que estamos o hemos estado al borde de la muerte tras la experiencia del viaje astral.

· O quizá sentir una profunda alegría al descubrir que en esta vida y en este mundo humanos y materiales no se acaba todo, y que la muerte es solo un estado de consciencia.

VIAJES ASTRALES Y SUEÑOS

Algunos viajes astrales suelen darse de manera espontánea a través de los sueños, sobre todo en los primeros siete años de vida, por lo que los tomamos y realizamos con toda naturalidad, sin miedo ni temor a pesar de la sensación de caer al vacío, porque solo es un paso más del viaje entre el mundo espiritual, o ideal, y el mundo físico y material donde vivimos y donde nos movemos.

Sueños que son viajes astrales

A partir de los 8 años estos sueños donde se realizan viajes astrales espontáneos y regresos a vidas pasadas, donde nuestros padres eran nuestros nietos o nuestros hijos, se van espaciando y borrando de la memoria como si nunca hubieran sucedido.

Hay personas que los siguen experimentando a lo largo y ancho de su vida en este planeta, pero no es lo más común.

Algunos de los sueños lúcidos y vívidos son viajes astrales que hacemos sin darnos cuenta, sin meditar, sin pensar en nada y sin relacionarlos ni con la vida ni con la muerte, porque creemos que han sido simplemente sueños, algo diferentes, pero sueños, al fin y al cabo.

La mente es una gran fabuladora, y puede proyectar en sueños sensaciones parecidas a los viajes astrales, y haciéndonos creer que hemos ido más allá de lo que son las experiencias oníricas, pero para diferenciarlos siempre está la voluntad y el control natural que se da en los viajes astrales y que no tenemos en los sueños por más que nos lo propongamos.

Los sueños son caprichosos y cambian de escena cuando menos lo esperamos, mientras que en los viajes astrales seguimos teniendo consciencia hasta cuando el Guardián Azul, u otro deva o figura sacra, nos echa del cielo astral y no nos deja pasar al paraíso.

En los sueños no tenemos esa fuerza de voluntad ni esa consciencia.

Muchos de las experiencias oníricas en las que sentimos que volamos, son el inicio de un viaje astral espontáneo durante los sueños, y lo sabemos cuando tenemos consciencia de hacerlo y voluntad de recorrer con el cuerpo etéreo, espiritual o astral, tanto este como otros mundos.

En el momento en que perdemos la consciencia de lo que está ocurriendo y no tenemos voluntad para mantenerlo o hacerlo a nuestra manera, dejamos de viajar astralmente y volvemos a la realidad o al mundo de los sueños.

PROYECCIÓN MENTAL Y MUNDO DE LOS SUEÑOS

Lo que sí podemos hacer, y de hecho lo hacemos prácticamente todos los días, es proyectar nuestros pensamientos en el mundo de los sueños.

Mientras más positivamente y mejor lo hagamos, esas proyecciones mentales nos serán más útiles y beneficiosas al volver al mundo material ya del todo despiertos. Sí, podemos proyectar todos nuestros pensamientos en el mundo de los sueños, preparar y programar lo que suceda en ellos para que tengan una influencia positiva en nuestra vida diaria.

Somos lo que pensamos y lo que proyectamos con el pensamiento, tanto en la vida diaria como en el mundo de los sueños.

En el mundo de los sueños no hay tiempo ni espacio, ni ayer ni mañana, por lo que podemos viajar al próximo día y ver cómo nos va a tratar el destino, para volver al despertar y modificarlo.

Podemos prever muchas cosas en el mundo de los sueños, y preparar a nuestra alma y a nuestro cuerpo para que se enfrenten a ello y lo superen.

Puedes programarte perfectamente para despertarte a las seis de la mañana, sin reloj ni horario de verano o de invierno, y descansar dos horas por una de sueño efectivo simplemente proyectando tu pensamiento sobre ti mismo para que esto sea así.

Puedes influir en los demás proyectando tu pensamiento en el mundo de los sueños para que mejoren de salud, se despierten temprano, se porten mejor o tengan suerte y fortuna, a veces más y mejor que sobre ti mismo.

Basta con desearlo y con pensarlo, con dirigir la mente de forma positiva sobre tu entorno y sobre los que te rodean tanto en sueños como en la vida diaria, aunque, por supuesto, no eres un dios ni debes pedir ni exigir más de lo que buenamente puedas hacer, ni jactarte ni echar en cara a nadie la bondad de tus actos, recuerda que "todo lo que pienses se reflejará en los demás, y tarde o temprano volverá a ti multiplicado", como dijo Shiva, el Iluminado.

III
PROYÉCTATE DESDE
TU PROPIO PENSAMIENTO

No hay camino correcto
o incorrecto,
porque al final del trayecto
siempre verás claro
tu propio sendero.

MAESTRO WANG

Efectivamente, la proyección mental no es lo mismo que el elevado viaje astral, pero no por eso deja de ser importante para la vida diaria, que es donde estamos y donde necesitamos de todos los poderes y milagros habidos y por haber para experimentar una existencia amable, rica y satisfactoria.

Lo que venga después ya lo veremos inevitablemente, si es que hay todo, si es que no hay nada, si en realidad somos un espíritu elevado en busca de la eterna libertad, o si somos un simple jiva del cosmos perfecto y unitario; incluso está la posibilidad de que no seamos absolutamente nada, con lo que el descanso puro, hermoso y eterno está garantizado, sin hambre, sin mal, sin lucha, sin miedo y sin dolor.

Por supuesto, para proyectar correctamente el pensamiento necesitamos de un entrenamiento básico, de unos ejercicios emocionales y vitales que fortalezcan el estado de nuestra mente y de nuestros sentimientos.

Mi maestro de matemáticas en Bombay decía que el cerebro es un músculo, y que si no entrena se atrofia. "Todo lo que no usamos se atrofia, desde el sexo hasta el pensamiento". Si entrenamos de más, si nos esforzamos sin medida, el cerebro se lesiona, se daña y hasta enloquece.

"Lo que usamos de más y forzamos a cada momento más allá de sus límites, termina por estropearse o romperse". Por tanto, todo debe hacerse en consciencia y en su justa medida, sin pereza y sin exagerar demasiado. Todo en su justa medida sin rebasar el límite del contenedor con el exceso de contenido. Ni más, ni menos.

Hay que pensar, y pensar bien y correctamente, ya que, de otra manera, o pensando mal, no pensando o pensando de forma incorrecta, lo que proyecte nuestra mente será nulo o contraproducente.

PROYECCIÓN MENTAL Y AGRADECIMIENTO

Hay magia y dones en todos los seres humanos, para todos hay poderes y milagros que operan todos los días, pero la vanidad, la codicia, el orgullo y el egocentrismo pueden echarlo todo a perder.

Si mejoras algo al proyectar positivamente tu pensamiento, debes dar las gracias en lugar de envanecerte por ello.

Proyecta tu pensamiento con amor, y habrá amor a tu alrededor, pero si lo alimentas y proyectas con vanidad y ego, a tu alrededor las flores se marchitarán y florecerá la hierba mala del ego.

Shiva lo sabe, he pasado por ello, y en algunos momentos no pude superar la tentación del ego hinchado y vanidoso, pues esperé algo a cambio de mis buenos pensamientos, y lo mejor que pudo pasarme es que perdí fuerza al volverme codicioso, porque también pudo haber pasado lo contrario, es decir, que el poder me comiera el alma y que cada vez quisiera más y más, sometiendo a los que había ayudado a sanar, ganar la lotería, reencontrar el amor o encontrar un cuarto de hotel en temporada alta en una zona turística de alta demanda.

Sí, como dice mi hijo, puede haber tenido mi ejército de zombis seguidores, pues lograba para ellos muchos milagros, todos tan pueriles como encontrar habitación en la Costa Dorada, o ganar un premio monetario en la lotería, en realidad nada elevado ni nada fuera de este mundo, pero tuve la suerte de tropezar conmigo mismo y darme cuenta de que nada de lo que hacía era realmente bueno ni importante, sino dependencia de mis seguidores y torpe vanidad mía.

Gracias le doy a la ingratitud de mis seguidores, que fue la que me despertó del sueño de grandeza dónde me había llevado el proyectar mentalmente lo que yo creía un bien para los demás, cuando era algo que ellos podían haber logrado proyectando correctamente sus propios pensamientos, en lugar de recurrir a la dependencia "mágica" de los míos.

Cuando se los dije dejaron de seguirme, y se ofendieron, al tiempo que se ahorraron cualquier compensación por los milagros recibidos.

No puedo igualarme con ellos, por supuesto, pero a los santos y a los dioses les sucede lo mismo: basta que le hagan un milagro a alguien, para que se ese alguien se crea un elegido y un privilegiado que no le debe nada a nadie ni a nada, ni a los dioses ni a las circunstancias, y así se mantiene engreído y falsamente agradecidos, por lo menos, hasta que vuelve a necesitar de un milagro para salir adelante, y entonces ruega, pide, llora y hasta exige con violencia que el santo, la virgen o la divinidad de turno le haga el milagro.

"Ayuda a los demás y dales y deséales lo mejor de lo mejor, pero ni les pidas nada a cambio ni te erijas como alguien superior o milagroso ante ellos, porque no tardarán en sacrificarte", palabra de Schopenhauer.

Por tu parte, da las gracias todos los días por los dones, pruebas y milagros, como el de la vida, recibidos hasta el día de hoy, y proyecta ese agradecimiento hacia todo el universo desde tu humilde mente.

PROYECCIÓN MENTAL Y CONTROL

No confundas las cosas. La proyección mental no es el viaje astral, pero puede llevarte hasta ese sendero espiritual de la mano.

Proyecta mentalmente la humildad, armonía y amor de tu ser, de tu mente y de tu alma, y liberarás de toda cadena a tu hermoso espíritu.

Ten en cuenta que parte de ti, tu cuerpo mental y emocional (juntos o separados) se proyectan sin dejar del todo al cuerpo físico.

En la proyección mental siempre hay algo de control y voluntad que dirigen al pensamiento y lo llevan tan lejos o tan cerca como tú lo permitas.

Siempre tienes la consciencia de estar vivo y aquí, en este mundo, incluso en casos alterados de consciencia por el consumo o producción de alguna droga.

Por supuesto, y dependiendo de tu capacidad y de tu calidad mental, los pensamientos que proyectes pueden convertirse en obsesión y someterte a la necedad o la insistencia innecesaria sobre una sola idea que te preocupa y te atormenta y no te deja dormir.

Las personas obsesivo-compulsivas se dejan dominar fácilmente por sus pensamientos, sobre todo si estos son negativos, tanto que no pueden dormir o caen en largas etapas de insomnio.

En la proyección mental hay que evitar obsesiones y recurrencias, sobre todo si son negativas, y tomar el control de lo que se piensa es indispensable para llegar a buen puerto.

BIENAVENTURANZAS Y MALDICIONES

Desearle el bien o el mal a alguien es una proyección mental reactiva o espontánea que a menudo lleva buenas o malas vibraciones hacia las personas o cosas a la que va dirigida.

Toda despedida, todo adiós, es una proyección mental generalmente positiva, un deseo natural de que le vaya bien a la persona de la que nos despedimos, pero hay veces que la hipocresía priva y la despedida no es más que una formalidad sin carga ni trascendencia, e incluso puede llegar a ser una verdadera maldición o que le vaya de lo peor a esa persona.

Maldecimos y bendecimos constantemente, a veces solo por costumbre, pero también algunas veces con el deseo de que le vaya bien o mal a otros, e incluso a nosotros mismos.

Hay que tener en cuenta que los malos pensamientos, las vibraciones negativas y las maldiciones son una proyección mental, y como tales rebotan o se reflejan en las personas a los que van dirigidos para volver a nosotros, los emisores.

Por supuesto, mientras peor o más malvada es la persona, mientras más falsa y traicionera sea, tendrá más poder de pensamiento y sus maldiciones harán más daño, tanto a quienes vayan dirigidas como a ellas mismas, pues los malos pensamientos envenenan el alma de quien los proyecta.

Las frustraciones son proyecciones mentales fallidas, que nacen a menudo como buenos deseos o pensamientos positivos, pero que al no verse recompensados cambian el bien pensar por maldecir.

La vida en realidad nos da todo, por eso estamos aquí y ahora; otra cosa es lo que deseamos, envidiamos o queremos emular o copiar de los demás.

Los deseos, generalmente, son pueriles, es decir, más caprichos e infantiles, de tener lo que otros tienen, o de gozar de privilegios que los demás no tienen, y la proyección mental poco puede hacer para que se conviertan en realidad por poderoso que sea nuestro pensamiento.

Los milagros gratuitos no existen

Obviamente, confundimos la fuerza de nuestro pensamiento con el milagro bajo e innecesario. No te engañes, no confundas a tu mente, y ten bien presente que los milagros gratuitos no existen, todo tiene un coste y todo se tiene que administrar, mantener y cuidar para que el milagro no se desvanezca de la misma manera en que vino.

Valoramos muy poco los milagros, entre muchas otras cosas e ingratitudes con quienes nos los conceden, porque cuestan muy poco o ningún esfuerzo, y los damos por hechos y por merecidos, aunque seamos de la peor clase de gente.

Por supuesto, si piensas positivamente te irá mucho mejor que si piensas negativamente, y una sonrisa noble y sincera te abrirá más puertas que un ceño fruncido o una cara doliente y amargada.

Hay gestos que despiertan la piedad o la lástima, algo que muy bien saben los limosneros, y con los cuales se pueden manipular emociones y sentimientos, sobre todo de las personas que tienen mala conciencia, que creen que han fallado en algo o que han cometido uno que otro pecado, incluso si el pecado o la falta es mínima, y se sienten impelidos a ayudar a los demás para ver si así se calma su conciencia, se le perdonan los pecados o se les limpia el pensamiento.

La culpabilidad es un tesoro para los manipuladores, porque, como dicen los cristianos, nadie está libre de pecado, a veces ni siquiera los niños. El que pide lo sabe, y espera que la culpabilidad del que da sea abundante.

Pedir es molesto, pero es mucho más fácil que trabajar.

Solo creer también es indigno, pero es mucho más fácil que estudiar, analizar, observar, comparar, aprender y, en fin, estudiar.

Y sí, muchos lo saben, se puede ganar más pidiendo limosna que realizando un trabajo honrado, pero ese abuso del amo sobre el esclavo es más sistémico que mental, tanto, que está clavado en nuestra alma y en nuestro pensamiento y hasta lo defendemos, aunque no tengamos suficiente con el salario para llevar una vida digna.

Curioso, pero cierto, incluso nos sentimos culpables por ser pobres, por ser clase media o clase media acomodada, que tiene para comer, pero que no se puede comprar un yate ni recorrer el mundo entero de palacio en palacio; entonces no culpamos al sistema, sea este cual sea, sino a nosotros mismos o a los verdaderamente millonarios, a los que ni siquiera conocemos, por llevar o no llevar lo que consideramos una vida plena.

¿QUÉ ES UNA VIDA PLENA?

Unos dicen que aspirar a lo espiritual, aunque no se tenga para comer, como finge serlo la Iglesia a través de sus monjes mendicantes, ya sean budistas, católicos, judíos o musulmanes.

Otros aseguran que con tener lo indispensable (techo, comida y vestido) es más que suficiente, y que lo demás es exceso, pecado, codicia, avaricia, gula, y no esperan nunca tener de más, sino que los demás tengan de menos.

No faltan los que piensan que una vida plena debe estar llena de sexo, amor, comida y todo tipo de placeres, como las drogas y el alcohol, y se lanzan de cabeza al mundo del vicio, aunque no tengan para comer ese día.

Una vida santa, relajada y tranquila, pero con el debido esfuerzo físico para hacer producir el campo o la granja, es la idea de felicidad y plenitud para muchos, aunque sean pocos los que se conformen con vivir lejos de las babilonias de nuestros días.

También están los que apuestan por estudiar y desentrañar los misterios de la Naturaleza, los científicos que apuestan por la razón y que desprecian a los que no estudian, señalando a la ignorancia y a las creencias absurdas como el peor de los males para esta ingenua y pueril humanidad.

Por supuesto, los que desean, buscan, medran, atesoran y adoran al poder, aunque pocos en número, creen o esperan tener una vida plena, pues con el poder se tiene todo lo demás, dinero y placeres incluidos, seguidores, amantes, servidores, súbditos sumisos y hasta esclavos fanáticos que se dejarían matar con tal de gustar a sus dueños; curiosamente, esos poderosos, además de enloquecer de soberbia, sufren y lloran como cualquiera, enferman, temen y al final de los finales, también mueren, incluso si se congelan, beben mercurio o se inyectan sangre de niños o de adolescentes.

En fin, todo depende de la persona y sus creencias mundanas o religiosas, y aunque muchos humanos son aceptablemente felices a lo largo de su vida, la mayoría no está segura de tener ni de llevar una vida plena, feliz, bondadosa, humilde, armoniosa y buena, pero sí llevadera a pesar de todo, incluso si sufren alguna enfermedad o carencias extremas.

A unos les es suficiente con tener una patria, un nombre, una familia, un abuelo ganador de mil batallas, un pariente o algún amigo o conocido famoso, una religión o simplemente un equipo deportivo más o menos exitoso al que se sigue hasta la muerte.

Mi abuelo aseguraba que a todo se acostumbra uno, a lo peor y a lo mejor, por lo que la mayoría de la gente ni siquiera sabe lo que es una vida plena, y a menudo con ser alguien y estar vivo es más que suficiente, pues incluso en el peor de los escenarios siempre hay un momento para el amor y la alegría.

"Los que conocen de verdad el dolor, el exilio, la guerra y la pobreza extrema saben de lo que estoy hablando, y también aman y ríen", de la misma manera que los que nacieron en pañales de seda también lloran y se deprimen.

PERDONARSE A SÍ MISMO

"No vamos a cambiar al mundo", decía mi abuelo, pero sí podemos cambiarnos a nosotros mismos en la medida de lo posible, y ser mejores día a día.

"¿Qué prefieres: ganar la guerra y perder mil batallas o perder la guerra y ganar mil batallas?", le preguntó Krishna a Arjuna.

Arjuna no supo qué decir, pues ganar una batalla daba un enorme placer, y ganar mil daría enormes placeres.

Claro que perder la guerra era lo peor, pero después de haber ganado mil batallas parecía hasta justo.

Por otra parte, ganar la guerra tras haber perdido mil batallas tampoco estaba tan mal, porque al fin y al cabo el triunfo final era lo que contaba, aunque el dolor de perder mil batallas no se iba a borrar tan fácilmente del alma.

Krishna sonrió al ver lo que pensaba Arjuna, pues en cada análisis los gestos de su cara y el movimiento de su cuerpo lo delataban.

"¿Qué prefieres?". Y al fin contestó Arjuna, "pues lo que se vaya dando, maestro, lo que se vaya dando".

Krishna sonrió benévolamente, "sabia y real respuesta, Arjuna, la vida es así, a veces se gana, a veces se pierde, y en la batalla final suele dirimirse quien gana o pierde la guerra, aunque, ya lo verás, si se lucha con honor casi nadie la pierde".

Al bueno de Arjuna no le gustaba la guerra, pero gracias a Krishna había comprendido que el conflicto es muchas veces de lo más necesario en nuestra existencia, pues todo conflicto nos anima a luchar por lo que queremos y a no desfallecer cuando se pierde una que otra batalla en el intento de conseguirlo.

El conflicto tiene su lugar y su importancia en esta vida, pues toda voluntad que choca con otra voluntad entra de inmediato en conflicto.

Quien habla consigo mismo sabe que no siempre se está de acuerdo en el interior del propio pensamiento entre lo que se siente y lo que se piensa.

Para la proyección mental, la emoción y el pensamiento son lo mismo, no hay diferencia entre la mente y el alma, pues la acción que nace del conflicto interno será la que va a dominar el resultado de dicho encuentro o choque de voluntades, y donde, pase lo que pase, una de las dos partes va a salir perdiendo o sin lograr su objetivo.

Pero por perder lo que quería el corazón y no la mente, o por fallar en lo que pensaba la mente en contra de lo que sentía el corazón, no debe uno sentirse dolido ni fracasado con uno mismo.

No hay que olvidar que una cosa es lo que sentimos. Otra cosa es lo que pensamos. Y una muy distinta lo que acabamos haciendo.

El corazón puede decir que desea algo, la mente puede ver claramente que no es recomendable lograrlo por diferentes razones, y el cuerpo termina haciendo algo completamente diferente a lo que siente el corazón y razona el cerebro, o no hacer absolutamente nada dejando al corazón y al cerebro decepcionados.

Por tanto, no hay que castigarse a uno mismo por el conflicto ni por lo que haya resultado del mismo, pues en realidad nada está bien ni está mal cuando se actúa de buena fe y con ánimo sincero y positivo, y aprender así a perdonar los propios errores aceptando nuestras propias virtudes y deficiencias.

Perdónate a ti mismo y aprenderás a perdonar a los demás. Acepta tus errores, pero no dejes de intentar corregirlos, que tampoco se trata de ser mezquino y autocomplaciente, sino de reconocer el estado de las cosas; y lo que no puedas arreglar ni mejorar, tómalo como una valiosa experiencia para situaciones similares del futuro o del presente.

Quien provoca tu odio, domina tu mente

Proyecta mentalmente sobre ti mismo el ungüento de la comprensión y limarás mejor tus imperfecciones, al tiempo que comprenderás que los demás también pueden equivocarse, ser torpes, ignorantes, hacer el mal o simplemente no estar de acuerdo contigo por lo que se abren las puertas al conflicto, un conflicto que valdrá la pena si es productivo, y no valdrá la pena si es necio e improductivo.

Goza del conflicto que te lleva a un buen destino.

Apártate y aléjate de todo conflicto necio o estéril. Y perdona a todos y a todo lo demás, porque, no lo olvides, quien logra tu odio domina tu mente.

Buda dijo que al final de los finales nada importa lo que se haya hecho o dejado de hacer en esta vida, lo que importa son las lecciones y experiencias que nos haya dejado, porque en cierta forma hemos venido a este mundo a conocer y a tomar consciencia, tocando todos y cada uno de los temas posibles e imposibles de esta existencia.

No hay culpables, sino experiencias, aunque esto no debe ser excusa para optar por las experiencias sucias y negativas, ni para actuar con laxitud y dejadez.

Cada ser humano se encuentra en un determinado nivel de consciencia, o, si se quiere, en determinada experiencia vital dentro de samsara o rueda de las reencarnaciones. "Nadie da más de lo que puede dar, pero puede dar mucho más de lo que cree que puede dar", dice Shiva, "por eso hay que exigirse a uno mismo el máximo".

Hay que crecer, mejorar y superarse siempre para seguir evolucionando hasta alcanzar la perfección y la libertad que llevan al nirvana o la liberación del cuerpo espiritual.

Por gracia o por desgracia hay niveles y jerarquías. No todos están a la misma altura. Los que saben deben enseñar a los que están aprendiendo. Los que están aprendiendo deben ser humildes y respetar a sus maestros.

La realidad es que hay miles de peldaños en la

escalera de los niveles de consciencia y no todos los seres humanos son iguales.

Samsara, la rueda de las reencarnaciones

Si comprendes, aceptas y hasta amas estas diferencias, habrás dado un paso de gigante en tu proyección mental y en tu ascenso espiritual, porque tú también estás en un nivel de consciencia determinado que te hace único, trascendente y diferente a los demás. Disfruta de esa hermosa diferencia, y sé amable con todos en este planeta, sobre todo contigo mismo, y así verás cómo se desarrolla el poder de tus pensamientos en cada proyección mental.

CÓMO TE VEN LOS DEMÁS

Eres lo que eres esencialmente, o eres lo que los demás ven en ti, lo que proyectas hacia ellos de una manera consciente o inconsciente.

Vivimos una existencia única e intransferible; nadie es del todo como nosotros por mucho que se nos parezca, y nosotros no somos como nadie más en este mundo, experiencia vital, cosmos o planeta.

Nos parecemos, sí, y repetimos muchos de los mismos errores, defectos, creencias, virtudes, prejuicios o genialidades, pero somos diferentes.

Nacemos solos y solos nos vamos por el sendero de la muerte.

Sin embargo, y a pesar de los pesares, no estamos solos, no hay soledad total posible y hasta un ermitaño tiende a parecer un ermitaño ante los ojos y las consideraciones de los demás.

No debe importarnos lo que digan o piensen los demás, sobre todo con lo que piensen o digan con respecto a nosotros; pero tampoco podemos obviar que somos animales gregarios y sociales, que vivimos en comunidad aunque no le dirijamos la palabra a nadie, que observamos lo que hacen nuestros pares, que nos enamoramos, que a veces tenemos hijos, que contamos con amigos, conocidos o familia, y que, en una palabra, convivimos y a veces hasta dependemos de lo que los demás crean que somos, pues en ello puede irnos la libertad física, la comprensión mental, la aceptación o rechazo sociales, y hasta la muerte pasando por diversas torturas y castigos si los demás nos ven demasiado diferentes, nos temen, o nos consideran inapropiados para vivir entre ellos.

No hay que despreciar el poder de las masas, pues en sus construcciones sociales o prejuicios nos hallamos confinados en esta sociedad, e incluso si nos vamos al monte a vivir de manera independiente y sin hablarle a nadie.

Sí, incluso un ermitaño debe caerle bien a la comunidad más cercana, porque de no ser así pueden señalarlo de brujo, violador, loco, malvado o mal ejemplo para la juventud, por lo que podría ser juzgado y castigado, o linchado, si se da el caso de una gran pasión en su contra.

La gente no siempre te ve como tú quisieras; aun siguiendo las modas, las tradiciones, las normas sociales, algunas leyes y mostrando una amabilidad suficiente, incluso si es una amabilidad indiferente e ignorante, que no parezca que pueda hacerle daño a nadie.

No importa si eres un asesino en serie si no lo pareces; o si lo pareces, aunque seas la persona más sana, humilde y amorosa.

Las apariencias no solo engañan, sino que mienten descaradamente y manipulan a las masas, algo que les encanta. Si tu presencia es agradable, da seguridad, impone autoridad o cuenta con algún tipo de carisma, tendrás seguidores abiertos (aunque algo envidiosos e hipócritas) y detractores oscuros a tu espalda, pero serás aceptado socialmente y hasta dignificado por unos y por otros.

Puedes jugar con esa visión que los demás tienen de tu persona, y mejorarla o empeorarla a tu gusto, pues basta con un cambio de imagen, de manera de andar o de gestualidades para que la gente que te rodea responda alabándote o criticándote.

Incluso si cambias de dieta, o si finges hacerlo, causarás un impacto negativo o positivo en los que te rodean.

La gente se deja llevar por iconos y estereotipos de lo más banales, y en base a ellos te juzgará y reaccionará ante tu presencia, además de hablar bien o mal de ti en tu ausencia.

Eres lo que eres esencialmente, por supuesto, pero también eres lo que los demás ven en ti, y si pareces escritor bohemio, para los demás serás casi un poeta maldito, aunque en realidad seas mecánico de máquinas de coser, o panadero. Como escritor bohemio te ven, y les costará creer que de verdad no lo eres por más que tú lo asegures y lo demuestres.

Te llamarán "el poeta", por más que tú no sepas nada del tema y jamás hayas escrito un solo verso, y hablarán bien o mal de ti hagas lo que hagas y seas lo que seas.

Hablarán bien o mal de ti

Eres, por decirlo de alguna manera, lo que proyectas mentalmente de una manera consciente, o inconsciente, y que se acomoda a los prejuicios y a la cultura de la gente que te rodea, así que modificando tu aspecto puedes cambiar ante los ojos que te observan en tu entorno social; así que procura proyectar lo que la gente que te rodea entiende por positivo, sano, eficiente e inteligente, pero sin pasarte de la raya, porque lo excelso, como lo peligroso, también les molesta y puede traerte problemas.

Como decía Mark Twain, "sé amable y sincero, pero nunca digas la verdad ni hables claramente, porque la verdad hiere; no presumas tus bienes, ni ostentes tus ganancias y pertenencias, porque la envidia y el crimen acechan en las mentes más sumisas y buenas; y sé cauto con lo que sabes, porque el asno siempre se ofende ante la sabiduría. La humildad y el silencio te darán más que el oro y que la ciencia".

En pocas palabras, sé cauto y consciente con lo que proyectas mentalmente, y te evitarás muchos conflictos estériles e innecesarios problemas con la gente que te rodea.

¿QUÉ QUIERES PROYECTAR, LUZ O SOMBRAS?

Proyectar poder, liderazgo, empatía, carisma o cualquier cosa positiva que haga que la gente te respete sin envidiarte, o incluso que te privilegie porque cede a tus deseos o pretensiones, o hasta que te tema por el aura de poder que tu proyección mental desprende, es posible, aunque no siempre deseable, y hay técnicas sencillas y directas para lograrlo, primero de una manera consciente, y luego de una forma inconsciente casi del todo permanente.

Por supuesto, también puedes proyectar paz y tranquilidad, amor y algunas cosas que normalmente el resto de la gente no comprende, no conoce y mucho menos entiende.

Tú decides, de una o de otra manera, lo que quieres proyectar mentalmente en tu vida y sobre los demás, a sabiendas de que todo acto tiene consecuencias y cada desarrollo una responsabilidad asociada.

· Ama sinceramente si quieres proyectar amor.

· Apasiónate sinceramente si quieres proyectar pasión.

· No esperes pasión si proyectas amor, ni esperes amor si proyectas pasión.

· El amor y la pasión se parecen mucho, pero en el fondo son muy distintos y ni buscan ni esperan lo mismo.

· La proyección mental del amor puede tener mil caras, desde el sexo hasta el compromiso social, o legal normativo de pareja y familia, y desde la simple aceptación y confianza, hasta el deseo enfermizo de posesión, sin dejar de ser amor.

Proyectamos lo que somos y lo que sentimos con sinceridad y sin esperar nada a cambio, porque el reflejo de lo que proyectamos llegará a nosotros de una o de otra manera, a menudo de una forma más positiva de lo que esperamos, pues, aunque no lo parezca, entre la gente que nos rodea hay personas sensibles a lo que proyectan los demás y suelen cuidar de los que sufren y compartir el amor y la alegría con los que gozan.

Amor y pasión, dos proyecciones
mentales similares, pero diferentes

Las interacciones de las proyecciones mentales están presentes siempre, de maneras más o menos conscientes e inconscientes, pero funcionando de manera constante entre tú y la gente que te rodea.

La psicología ve la proyección mental más como una extensión de los temores internos de las personas, que como una intención de cada uno de mejorar lo propio y lo ajeno.

Por supuesto, hay proyecciones mentales negativas, porque mucha gente vierte sus frustraciones hacia y contra los demás, y están constantemente renegando, criticando y maldiciendo a todos y a todas.

Como se dice hoy en día, hay personas tóxicas y amargadas que no están a gusto con nadie ni con nada, y se pasan el día, y hasta la noche, despotricando contra todo y contra todos, encontrando todo tipo de defectos en los demás, e incluso no falta quién se odia y critica a sí mismo.

Las proyecciones mentales de esas personas tóxicas son como sombras, malas vibraciones que salen de su alma, y tú no debes dejar que esas sombras oscurezcan el fulgor de tu sonrisa, ni que entristezcan a tu alma o llenen de malos pensamientos a tu cerebro, sino todo lo contrario, y como dicen muchos santones y grandes religiones, debes amar a tu prójimo como a ti mismo y devolver bien y luz por mal y sombras.

Hacer de la vida un drama

Piensa y analízate a ti mismo de vez en cuando, y toma consciencia de tu comportamiento, porque a veces y sin que nos demos cuenta, la persona tóxica somos nosotros mismos, los que criticamos fácil y gratuitamente a los demás somos nosotros, los que nos quejamos de todo somos nosotros, los que encontramos defectos en todos y en todo somos nosotros, y los que creemos tener siempre la razón somos nosotros y no dejamos títere con cabeza y hasta nos regodeamos de nuestra maldad tóxica, porque a pesar de nuestra locura y grosera actuación, pusilánime y sucia forma de ser y estar en este hermoso mundo que nos rodea, creemos que tenemos la razón, que los listos y sabios somos nosotros, que todos los demás son los que están equivocados, que no hay nadie a nuestra altura y que este mundo traidor es una porquería y no nos merece.

La grosera presunción
de pretender saber más que los demás

· La gente puede ignorar un área de conocimiento, pero no es realmente ignorante porque tiene sus propias vivencias y experiencias, sentidos y capacidades, campos de conocimiento y de entendimiento, y se proyecta mentalmente desde su propio ser y consciencia, y no desde donde esperan los demás que lo haga.

· Por otra parte, la ignorancia no es nada negativo, sino un buen comienzo para aprender. Nadie lo sabe todo, "solo sé que no sé nada", dijo Sócrates, o "daría todo lo que sé por conocer una parte de lo que ignoro", dijo Descartes.

Los seres humanos, además, sabemos enseñarnos unos a otros, o hacer lo que el otro no sabe o no puede hacer, y no por eso nadie está en inferioridad de condiciones. Lo que tú sabes, quizá no lo sepa tu vecino, y lo que sabe tu vecino, quizá no lo sepas tú.

Es increíblemente hermoso estudiar y aprender, por supuesto, pero eso no te hace mejor que los demás.

Además, ni siquiera la academia ni los más sabios lo saben todo ni tienen siempre la razón, pero les encanta esgrimirlo, y forman círculos y pequeñas mafias para regodearse de sus conocimientos, estatus, fama y premios que se dan unos a otros del grupo como si el resto del mundo fueran ignorantes, que no merecen un lugar entre sus tropas de excelsitudes.

La humildad es un camino menos enfermizo y deja lugar para todo el conocimiento y sabiduría que desees.

Lo curioso es que mientras los genios proyectan mentalmente su ego y su vanidad, los no genios, o la gente común y corriente, se inclina ante ellos y hasta se pone nerviosa ante su presencia, como si en realidad los "genios" fueran superiores y merecieran respeto y consideraciones especiales.

Unos proyectan mentalmente su falsa elevación, y los otros proyectan mentalmente sumisión, algo que funciona muy bien en la publicidad y en la política.

¿EN QUÉ CREE LA GENTE?

La gente cree no porque sea ignorante y estulta, sino porque es ingenua y de buena fe, y también porque necesita referentes de mejora o calidad, a ver si se le pega algo de esa elevada calidad.

La gente cree prácticamente en lo que sea, siempre que se le enseñe a creer y se le adoctrine desde la infancia para que crea, con amenazas de orden, leyes, normalidad, aceptación social y hasta la cárcel o el exilio si hace falta, porque el miedo a las represalias abona el camino de la creencia.

La gente cree en la palabra escrita, incluso si esa palabra escrita se encuentra en la etiqueta de un producto comercial.

La gente cree en lo que cree ver, y también en lo que ve.

La gente cree en lo que le suena lógico, congruente o favorable.

La gente cree en lo que escucha, sobre todo si la voz que oye es firme, apasionada y autoritaria.

La gente cree en la suerte, aunque sea mala, y espera millones sin hacer nada.

La gente cree en las promesas, incluso en las

más absurdas y falsas, siempre que se le repitan o parezca que le favorecen.

Una imagen dice más que mil palabras.

Una mentira repetida mil veces se convierte en realidad.

Una patraña es un cielo si es formulada por una supuesta autoridad.

La gente le cree al famoso, al político, al médico, al cura y al profesor casi sin cuestionarse nada. Total, creer, aunque salga muy caro, no cuesta nada y evita la pesadez de pensar. Es más fácil creer que estudiar.

Hay que hacerle caso al que sabe, aunque ese que sabe sea una persona creída, vanidosa, ostentosa y pagada de sí misma: "Ante el amo y el poderoso hay que hincarse, someterse, respetar y acatar", se puede leer tanto en la Biblia como en las enseñanzas de Confucio, pero ante el débil hay que ser, o aparentar ser, buena persona y no abusar demasiado de su ingenuidad e ignorancia, aunque, ya se sabe, un gramo de poder saca lo peor que llevamos dentro y nos convierte en necios o hasta en monstruos autoritarios que intentan abusar de cualquiera que se les ponga enfrente.

La responsabilidad de ser sabio, Confucio

"No busques en los demás lo que siempre ha estado, está y estará en tu interior", nos dice Confucio, a lo que habría que añadir: "porque solo lo que está en tu interior podrás proyectarlo mentalmente de la mejor manera posible".

EL TERCER OJO, EL MEJOR PROYECTOR MENTAL

Todas las palabras son apreciables, pero la acción requiere de práctica, por lo que mucha gente se pregunta: ¿cómo puedo proyectar mentalmente lo mejor de mí mismo que está en mi interior? Muy fácil, respondería el Maestro Wang, usando tu tercer ojo.

¿Existe? ¡Sí! ¿Es real? Por supuesto. ¿Dónde está? Está en tu glándula pineal.

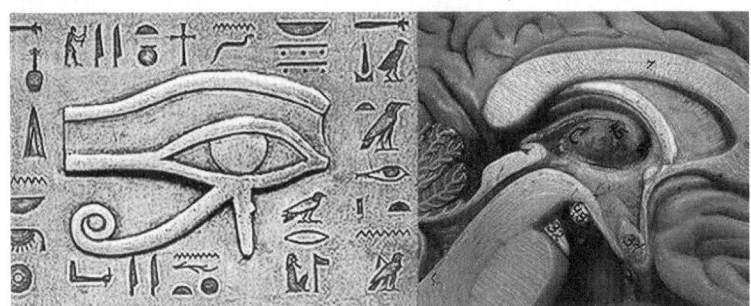

Ojo de Horus y glándula pineal

¿Se puede ver realmente algo con este ojo? Sí, verdaderas maravillas se pueden ver con él, y, algo más, con él puedes proyectar desde lo más íntimo de tu ser todo aquello que piensas y sientes, lo que deseas y lo que necesitas, moldear tu realidad tanto como te sea posible, contar con otras perspectivas del mundo, la vida, la ciencia, el amor, la muerte y la existencia.

IV
La magia del tercer ojo: Ejercicios de proyección mental

Paciencia.
Quien entiende, entiende,
quien aprende, aprende,
y quienes no entiende ni aprenden,
tarde o temprano lo harán,
en esta vida o en la siguiente.

Proverbio Zen

Cuentan las leyendas que hace unos cuantos cientos de miles de años, los seres humanos tenían tres ojos, uno para ver el amor, otro para ver la realidad, y otro para ver lo que no se ve frecuentemente, como otros mundos, otras realidades, espíritus, el pasado y el futuro, y lo que se encuentra en el fondo del alma.

El ojo de los sentimientos, el izquierdo. El ojo de lo material, el derecho. Y el ojo espiritual, o del mundo ideal de Platón, el de la frente.

Tanto egipcios como indios recogen leyendas de esta guisa, donde la vista de las personas va más allá de los dos ojos que usamos cotidianamente.

Los egipcios tienen a Horus como el principal protagonista de este ojo mágico, y en la India se le llama *bindi*, o "punto" relacionado con el chacra Ajna, el sexto de abajo para arriba y el segundo de arriba para abajo, y que las mujeres de la India se pintan en el entrecejo, casi siempre de color rojo.

Siendo un centro nervioso especial e importante,

91

en la India solo las mujeres casadas lo llevaban pintado de rojo, pues su propio marido se los pintaba con su sangre para que siempre estuviera en su alma y en su pensamiento.

Actualmente es más un maquillaje o una moda, y las mujeres jóvenes, incluso las niñas, se lo pueden pintar del color que más les apetezca, y el *bindi* de color negro brillante es de lo más habitual.

No son pocos los varones y los santones que también se lo pintaban, y se lo pintan, llamándole *tinaka* en lugar de *bindi*, pues no es de pertenencia a nada ni a nadie, sino un símbolo de poder y sabiduría de forma alargada y generalmente de color rojo, aunque algunos, para darle más fuerza, se lo pintan de color verde jade o azul lapislázuli.

El tercer ojo de Shiva

Como moda o jerarquía, hay hombres en la india que se ponen una joya, una moneda o hasta un grano de arroz en la frente, justo en el tercer ojo, que les sirve, además de abrir la espiritualidad, como relajante y santo remedio para quitar el dolor de cabeza, el estrés y la ansiedad.

Shiva tiene un tercer ojo natural con tres niveles de visión, la de la mente, la de los sentimientos y la del mundo celestial, vedado para el tercer ojo de los humanos, que de cualquier forma buscaban, y buscan, lograrlo tanto con ejercicios como abriendo el tercer ojo físicamente.

Las trepanaciones para incrustar en la frente una joya, oro, plomo, diamante, rubí o cualquier otra cosa, ya no suelen hacerse, y solo muy pocos señores santos, y alguna señora, más santa o rica, llegan a hacerlo.

En Egipto era un rasgo divino, y no era raro que también formara parte del maquillaje de gobernantes y sacerdotes, porque lo consideraban el ojo que todo lo ve, todo lo sabe y todo lo observa.

Sin embargo, la gente no solía usarlo en vida ni durante el día, sino más bien de forma funeraria, porque lo consideraban un amuleto para ver el sendero que llevaba a los Campos Elíseos, y una forma de entenderse con los espíritus y dioses que habitan el inframundo.

En muchas mastabas (tumbas) se encuentra dibujado el Ojo de Horus como protector del finado, para que no quede ciego ante el esplendor de los dioses y pueda regresar un día a caminar entre los vivos con plena visión del mundo y del más allá.

Mayas, aztecas e incas también se pintaban el tercer ojo, e incluso se hacían incisiones en la frente para colocar una piedra preciosa, como el jade, en el entrecejo y potenciar el poder de ese punto neurálgico del organismo.

Cabeza maya con el tercer ojo incrustado

Aunque se cuenta que los sacerdotes mantenían el secreto del poder de este punto energético de la mente y del cerebro, para que no lo utilizara nadie más que ellos, algunos guerreros, y en algunas ceremonias la gente del pueblo, se lo pintaban como se hace en la India.

Todavía hoy en día algunos danzarines mayas, incas o aztecas se lo pintan, y aseguran que con el tercer ojo pintado bailan con más ánimo y mayor sentido espiritual, pues les da fuerza y energía emparentada con la naturaleza y con los dioses.

De una o de otra manera, en distintos lugares del planeta, el tercer ojo ha formado una parte importante de la espiritualidad y del sentido esotérico de la existencia, y no solo como una difusa creencia, sino de una forma palpable y real, pues el tercer ojo es físico, sensible y notable, se puede estimular y tiene un lugar específico en la cabeza, tal y como lo dibujaron los egipcios hace por lo menos diez mil años en el norte de África.

Todos los seres humanos y algunos animales tienen un tercer ojo físico, sensible y estimulable con el que proyectan sus pensamientos todos los días, tanto de manera consciente como de forma del todo inconsciente, y además, bien estimulado puede ayudarles a dormir, erradicar dolores de cabeza y disminuir la ansiedad, el estrés y la depresión.

Una pequeña moneda en la frente es más que suficiente para masajear el tercer ojo.

También pintarse un *bindi* o un *tinaka*, hacerse una trepanación o incrustarse un rubí o una esmeralda, o algo similar, dejando las operaciones quirúrgicas de glándula pineal para verdaderos especialistas, porque, al fin y al cabo, esa glándula, muy parecida al Ojo de Horus, es la aparentemente responsable del funcionamiento de Ajna, el sexto chacra, o tercer ojo orgánico y la unión entre alma, cuerpo y mente, según René Descartes.

PERDER EL TERCER OJO

Horus perdió el ojo derecho en una batalla contra Set, lo que le dejó sin poderes durante algunos milenios perdiendo el trono del más antiguo Egipto, el que finalmente recuperó para cedérselo a su hijo, Osiris, y así volver al esplendor imperial que Ra había determinado para la humanidad.

Los seres humanos no solemos perder el tercer ojo, aunque sí podemos sufrir una enfermedad, accidente o agresión que lastime a la glándula pineal.

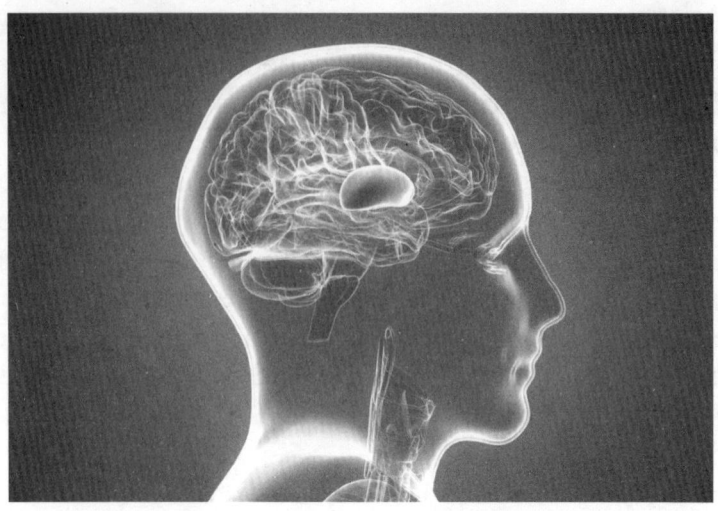

¿Cómo puede ser tan poderoso algo tan pequeño?

"El principal problema de la glándula pineal es la calcificación, pues tiende a acumular fluoruro. Con los años se forman cristales de fosfato y la glándula se va endureciendo, un hecho que provoca a una menor producción de melatonina y altera los ciclos del sueño durante la vejez (ciclos circadianos)".

También tiene relación con la glándula tiroides (el quinto chacra) y puede causar problemas de peso, crecimiento, desarrollo y fertilidad.

Los quistes y tumores que a veces sufre no suelen ser mortales ni demasiado agresivos, y tienden a aparecer en la vejez, por lo que no suelen incidir en la sexualidad, el crecimiento o el desarrollo de la adolescencia hacia la juventud.

Si se le estimula puede provocar visiones, sensación de mareo y ausencia, alucinaciones visuales y auditivas, vértigo, disfunciones conductuales, aunque generalmente poco o casi nada agresivas.

Por supuesto, al regular el ciclo sueño-vigilia puede provocar la sensación de insomnio o de viaje astral, incluso de sueños vívidos o lúcidos, por lo que ha sido muy valorada en la magia y el esoterismo desde hace varios miles de años.

Su relación con el cuerpo, y eso que llamamos alma, puede ser algo del todo normal, regular y físico, gracias a la producción de hormonas y otras sustancias químicas que alteran el comportamiento usual o "normal" del organismo, sobre todo si falla o si la estimulamos, perdiendo de esa manera buena parte de su romanticismo que ha fascinado a tantas culturas a lo largo de la historia.

¿Y qué decirle a los que se creen animales superiores por su capacidad para la magia y para la ciencia cuando prácticamente todos los seres vivos tienen cerebro y glándula pineal, que también produce visiones, alucinaciones y hasta sueños de lo más esotéricos?

Sí, hasta los peces tienen su glándula pineal, o su tercer ojo

Si, todos los mamíferos, pero también los peces y los insectos, tienen un sistema nervioso desarrollado que les da una personalidad particular, y quizá hasta una consciencia que no podemos comprender, y que proyectan mentalmente a través de su glándula pineal o tercer ojo.

El cerebro es un magnífico desconocido, aunque cada vez más descubierto por la ciencia, que a menudo juega con lo que vemos y creemos como realidad, y el tercer ojo es una prueba de ello, pues si bien sabemos que son las hormonas que produce las que inciden en nuestras visiones y comportamiento, como la melatonina, no sabemos por qué algunas personas que ni están enfermas ni producen más hormonas de las necesarias siguen viendo el futuro, curando a otras personas y proyectando su pensamiento con especial fuerza, poder y capacidad de influencia sobre los demás.

Muy posiblemente algún día se resolverán muchos de los misterios que ahora nos desvelan, seguramente para tropezar con otros, pero mientras tanto la magia y las tradiciones pueden ayudarnos a mejorar nuestras capacidades mágicas y hormonales que producen glándulas o chacras en nuestro cuerpo, como sin duda lo es nuestro tercer ojo, pues con él y desde él emitimos, proyectamos, recibimos y recabamos lo que está en el alma y en el pensamiento.

TÉCNICAS DE PROYECCIÓN MENTAL
¿Cómo lo hacemos?

1.- Toma consciencia de quién eres, dónde estás y qué piensas.

2.- Piensa asertivamente, sin juzgar ni entrar en conflicto con nada ni con nadie.

3.- Respira suave y sensiblemente.

4.- Céntrate en el pensamiento y la sensibilidad de tu ser en el tercer ojo.

5.- Entrecierra o entorna los ojos para borrar o semi borrar la realidad normalmente visible, y al mismo tiempo piensa que abres el tercer ojo para ver, observar, recibir y transmitir.

6.- Piensa firme y claramente en lo que deseas y a dónde quieres proyectar el pensamiento.

7.- Refuerza el magnetismo de la proyección mental dándote un suave masaje en las patillas, y luego une los dedos pulgar, índice y medio hasta sentir las pulsaciones del corazón en tus yemas.

8.- Pon una moneda, un anillo e incluso una gota de pintura roja (o de saliva) en tu tercer ojo (justo en el entrecejo en medio de la frente) para incentivar y sensibilizar su apertura.

9.- Acompaña a tus pensamientos y deseos con oraciones y rezos propios de las creencias místicas o religiosas que tengas.

10.- Comprueba los resultados y, si es necesario, insiste.

Estos simples ejercicios se pueden hacer en cualquier parte y a cualquier hora, aunque, y por supuesto, hacerlo en un lugar tranquilo y a una hora en la que no molestes a nadie puede mejorar la experiencia y los resultados.

Puedo asegurar que no estamos solos en el universo, y ni siquiera en esta dimensión. Hay devas que nos acompañan y ayudan a que nuestros deseos se hagan realidad.

Devas y devis, los ángeles del hinduismo

Estos devas (o devis, si se trata de las musas o divinidades femeninas) no son perfectos, y a veces sus milagros se quedan a mitad de camino o son más materialistas y juguetones que nosotros mismos, y hacen el milagro contrario, cambian las cifras de la lotería, atraen el amor de una persona distinta a la que deseamos y, en fin, se divierten un poco a nuestra costa, a veces porque son poco serios, y a veces para recordarnos que son, existen y están ahí, y así dejar claro que nosotros no somos tan poderosos como nos creemos después de haber logrado un milagro o dos proyectando nuestro pensamiento.

Somos y estamos, pero también están los devas que nos acompañan toda la vida, o ángeles custodios, como diría don Rubén Zamora.

¿A DÓNDE VAN LOS PENSAMIENTOS QUE PROYECTA LA MENTE?

Proyectar el pensamiento es enviar mensajes al universo entero, es información que se traslada por el cosmos, y que se dirige tanto a las personas como a las cosas, al entendimiento y al estudio como al conocimiento, a los dioses y a las creencias, tanto como a la razón y a los demonios.

Todo pensamiento, al igual que todo acto, tiene sus consecuencias que se dan en el alma y en la dimensión de los pensamientos, pero a menudo también en los planos físico y material.

Existe, además, un efecto reflejo, es decir, que lo que pensamos vuelve a nosotros de una o de otra manera, por lo que es más práctico y conveniente pensar bien, sana y positivamente, enviando bendiciones a todo el mundo, en lugar de crueles burlas, críticas o maldiciones.

Quizá en realidad no existe un imperativo categórico en la ética, como propone Kant, pero es innegable que es más conveniente para los grupos sociales el portarse bien y cuidarse unos a otros, que el atacarse o apuñalarse por la espalda.

No todos los grupos humanos son familiares ni cuidan de sus niños ni de sus ancianos, sino que los utilizan, los explotan, los exprimen y los vejan sin la menor consideración, como hacen los amos con sus trabajadores, porque priman la ganancia egoísta y momentánea en lugar de la armonía y la estabilidad a largo plazo.

Los esquimales, por ejemplo, lanzan al mar sobre un bloque helado a sus padres, hermanos y abuelos cuando los consideran viejos, sin que en ello haya maldad alguna y hasta es aceptado por los viejos, a pesar de la crueldad del acto y de la helada y tortuosa muerte que les espera.

Los devas tampoco suelen ser muy éticos al estilo kantiano, y si bien nos protegen y nos ayudan a que nuestro destino llegue a buen término, a menudo pueden trocar nuestros deseos y burlarse de nuestros mundanos y banales sufrimientos, que para nosotros son de lo más importantes, como el amor y el dinero, pero que para ellos no tienen la menor importancia, aunque nos estemos muriendo al no ser correspondidos en el amor, o nunca logremos ser millonarios ni ricos ni poderosos.

La vida y la muerte tampoco son lo más importante para las divinidades, sino la existencia espiritual que nos queda tan lejos, así que no sufren especialmente si enfermamos, morimos o tenemos un terrible accidente, por mucho que hagan para ayudarnos y sanarnos si se puede.

Nuestro pensamiento es nuestro, y los aciertos o fallos que cometemos nos competen a nosotros y nada más que a nosotros, por mucho que los devas se encuentren a nuestro lado y observen cuando caemos en el error y cuando logramos un acierto. Ellos ayudan, pero a nosotros corresponde la acción, la responsabilidad y la congruencia.

"Piensa mal y acertarás", decía un tío mío, poniendo a la desconfianza en la bondad ajena, ya fuera de otros humanos, de los devas o de las bestias, "pero piensa bien y habrás dado un buen paso", remataba.

Pensar e interpretar se parece, pero no es lo mismo, así que procura pensar bien y noblemente, y no interpretar demasiado en base a tu propia cultura, ideas, creencias, ideologías y pensamientos, porque lo más seguro es que te equivoques al suponer, prejuzgar o interpretar al otro.

No hagas cosas buenas que parezcan malas, ni hagas cosas malas que parezcan buenas, y sé congruente contigo mismo tras analizar causas y veracidad de tus propias creencias, y no de las ajenas.

"Si no tienes más remedio que ir a la guerra, ve", le dijo Krishna a Arjuna, "pero no esperes que el enemigo ceda a tus creencias y pensamientos ni siquiera en el momento de su muerte, porque cada quién colige que sus pensamientos y creencias son los ciertos, y los de los demás son groseras equivocaciones".

Los devas pueden salvarte de muchas trampas y errores, pero no pueden salvarte de tu orgullo, ni de tus necedades.

Por tanto, si quieres algo debes pensar congruentemente con tus deseos, sin dudas, miedos y desalientos, y para ello cuentas con una serie de íconos, símbolos, gestos y hasta amuletos que potencian y mejoran tu proyección mental.

Nunca intentes controlarlo absolutamente todo, porque además de pecar de pedantería y poder, puedes caer en el error de los *asura*, los demonios hindús, que por pretender dominarlo todo a menudo se quedan sin nada.

No estás solo en el universo, y a menudo tienes que entender y hasta pactar con los demás para que tus proyecciones mentales tengan éxito.

PROYECCIÓN MENTAL DE SALUD

Relájate.

Respira hondo.

Centra el pensamiento en tu tercer ojo y reflexiona con fervor.

Imagina una escena, como se ve en las películas o el teatro, donde todo lo que te rodea goza de belleza, salud y armonía.

La manzana es un buen símbolo e ícono para rodear y ambientar los pensamientos de mejora de la salud. Los perfumes frescos y suaves, también.

Pensar en los médicos espirituales ayuda mucho.

Vestir de blanco, o imaginar que se viste de blanco, abre las puertas de recepción a toda curación.

Piensa claramente en la persona que quieres ayudar para que sane.

Si eres tú el enfermo piensa en la zona del cuerpo o en el órgano afectado, e imagina que viajas mentalmente hasta ahí para depurarlo, sanarlo y cuidarlo, destruyendo todo aquello que pueda hacerte daño.

Ten paciencia y repite todos los días el mismo pensamiento de sanación.

No te obsesiones con el resultado.

No maldigas si es negativo.

No te envanezcas si es positivo.

Siempre da tres veces las gracias por lo que hayas conseguido.

Gracias al alma.

Gracias a la mente.

Gracias a los devas o al espíritu.

Piensa en todo ello y proyecta tu pensamiento.

PROYECCIÓN MENTAL DE AMOR

Relájate.

Respira hondo.

Centra el pensamiento en tu Tercer Ojo, y medita suavemente:

El amor humano y sus expresiones pasionales son hermosas, aunque prohibidas en muchas culturas, pero el amor puro y universal lo es más, y no está prohibido en ninguna parte del universo.

No hay número exacto para el amor, pero puedes proyectar mentalmente el número 9, que es el del amor divino y el de la fe universal, antes de proyectar el número 8, que es el número del amor sexual o pasional, o bien el 7, que es el número del amor matrimonial, de pareja o hasta de la sociedad mercantil o industrial.

El número 5 es el guarismo del amor a los hijos.

El número 4 es el que se relaciona con la maternidad y la paternidad, es decir, con el amor creativo y capaz de sacrificarse del todo por las personas que ama.

Diotima y Sócrates, ¿qué es el amor?

El número 6, el del amor poético, no es del todo recomendable, pues inflama a quien va dirigido el poema, pero no une ni ata ni promete nada. Es decir, suele ser el número del amor no correspondido.

Finalmente, el 11, que es el amor de amistad o de la pareja sabia y respetuosa, con los intereses claros y la ayuda a flor de mano, puede ser el de mayor estabilidad, el más duradero y el que lo perdona todo sin exigir nada.

"La amistad es el amor más elevado que puede darse entre los seres humanos", le dijo Sócrates a Diotima en el diálogo de *El Banquete*, "porque es el único que se da entre pares y sin intereses mezquinos", un tipo de amor que rara vez se da entre las mujeres, según los grandes sabios, pues en ellas siempre hay un egoísmo monstruoso preso de toda clase de intereses.

Tú decides a qué clase de amor quieres aspirar, aunque lo más habitual es que tus hormonas escojan y decidan por ti.

Piensa en todo ello y proyecta tu pensamiento.

PROYECCIÓN MENTAL DE DINERO

Relájate.

Respira hondo.

Centra el pensamiento en tu tercer ojo, y piensa:

Pide sin temor todo lo que quieras y en la cantidad que más te apetezca, total, es solo dinero, y más vale pedir mucho que conformarse con poco, pero, por supuesto, tú decides cuánto es lo que pides.

No hay límites, porque, a pesar de todo, el dinero es finito, es decir, no hay más del que hay en el planeta, y no se va al cielo ni se esconde mágicamente en los pliegues del alma, está ahí y sirve para todo a la vez que no sirve para nada, pues ni cura ni alimenta ni calma, simplemente compra y da una falsa sensación de poder y seguridad, así que pide con ganas miles de millones si te da la gana.

Piensa en Lakshmi para atraer al dinero

Los números 13 y 33 son fuerzas simbólicas que abren el camino hacia el dinero, aunque debes tener en cuenta que Lakshmi, hija de Shiva y de la Fortuna, a veces juega con sus seguidores y le da a quien no pide, y le quita a quien no tiene.

Por supuesto, quien es jugador sabe los riesgos de tener o de no tener dinero, porque lo importante, dicen los viejos santones, no es tenerlo ni atesorarlo, sino saber qué hacer con él, administrarlo con cabeza y protegerlo con poder.

No son pocos los que sufren un infarto o caen en depresión cuando les ha tocado mucho dinero con la lotería o por una herencia, además del odio y de la envidia de los que tienen al lado y no soportan que se haya enriquecido tan fácilmente.

De cualquier manera, proyecta tu pensamiento en el dinero y pide, y te será dado, y nunca dejes de pedir para que siempre te llegue algo, porque al centrar el pensamiento en un objetivo, cualquiera que sea este, salud, dinero, amor, poder, salud, trabajo o lo que sea, ya estás abriendo los senderos que te llevan a conseguirlo.

Piensa en todo ello y proyecta tu pensamiento.

PROYECCIÓN MENTAL DE LIDERAZGO

Relájate.

Respira hondo.

Centra el pensamiento en tu tercer ojo, y reflexiona insistentemente:

El líder siempre va al frente.

Piensa en el número 1.

Tú eres el número 1 y es número 1 todo lo que digas, pienses y hagas.

Habla.

Decide.

Indica.

Marca.

Saca la fuerza interior sin dudar ni pensar en otra cosa que no sea tu objetivo puntual.

Toma la palabra y presenta tus argumentos antes que nadie y antes que nada.

Que el tono de tu voz sea decidido, claro y breve.

No aburras con datos, mejor anima con las promesas y con la esperanza.

Sé valiente, audaz y decidido.

Actúa y ve al frente.

Piensa en Durga, y saca tu fuerza interior para
liderar y ser el centro consciente del resto

Domina tus miedos y no des pasos hacia atrás,
ve siempre adelante.

Nada ni nadie contra ti.

Sé competitivo. Piensa que tú eres el que siempre gana. Y, si no ganas, vuelve a intentarlo hasta
conseguirlo.

Guíate a ti mismo y podrás guiar a los demás.

Piensa en todo ello y proyecta tu pensamiento.

PROYECCIÓN MENTAL DE COMUNICAR

Relájate.

Respira hondo.

Centra el pensamiento en tu tercer ojo, y medita
incisivamente:

Todo lo que hacemos, sentimos, pensamos y somos proyecta mentalmente, difunde, comunica.

Piensa en tu voz y en tu garganta.

Piensa en tu escritura y en tus palabras.

Sé el emisor y el receptor de tus propios pensamientos y de los pensamientos de los demás, porque toda comunicación es un intercambio recíproco.

Imagínate a ti mismo en una conferencia donde expones tus pensamientos, pero también escuchas las opiniones favorables y contrarias.

Piensa que puedes convencer a los demás con el tono y la emoción de tus palabras.

Utiliza frases y términos comunes que todos comprendan, todos conozcan y la mayoría pueda identificarse con ellos.

Olvídate de los datos duros y de todo aquello que obligue a pensar demasiado.

Sé asertivo y consecuente.

El número 3 es un buen símbolo para hacerte un lugar de comunicación entre la gente.

Procura no mentir, pues tus palabras pueden ser creídas y seguidas tanto y de tal manera, que pueden convertirse en una trampa que haga más daño que bien al auditorio, y a ti mismo si llegas a creer en tus propias mentiras.

Nunca olvides que todo lo que digas, sientas y pienses es una proyección mental que sale de ti y a ti vuelve.

Piensa en todo ello y proyecta tu pensamiento.

PROYECCIÓN MENTAL DE FERTILIDAD

Relájate.

Respira hondo.

Centra el pensamiento en tu tercer ojo, y acoge en tu pensamiento:

El número 4 es un buen referente para la seguridad y estabilidad que promete y necesita la fertilidad.

Piensa que tu proyección mental es una semilla que crece y se reproduce ahí donde la envías o donde la siembras, porque en cierta manera todo lo que haces y todo lo que piensas puede convertirse en realidad, en tu descendencia.

Procura ir por el sendero del bien para que tus flores sean hermosas y perfectas, y evita el sendero del mal donde las plantas son venenosas o secas.

Con el trasfondo adecuado de maternidad y de paternidad, puedes preñar a una persona o al universo entero si te propones ser un buen labriego con tus actos y pensamientos.

Tener hijos puede ser como tener mascotas de las cuales te aburres, o puede ser un verdadero compromiso con tu propia trascendencia.

Ten en cuenta que todo lo que nace de ti es una continuación de tu ser, de tu existencia en este universo y hasta de tus células, así que procura que sea de la mejor manera y con toda la responsabilidad del mundo.

Imagínate a ti mismo como padre o como madre desde el inicio hasta el final de los tiempos, y refleja lo bueno de tus progenitores en tus actos hacia tus descendientes, superando y mejorando lo malo que pudiera haber en ellos; así que perdónalos y perdónate para que sea tu mejor versión la que se refleje en lo que preñas, siembras y cosechas, teniendo en cuenta que al dar vida no debes crear cadenas, pues todo lo que descienda de ti será libre y tendrá su propia vida y su especial existencia.

Y, por supuesto, nunca reniegues de tus hijos o caerá sobre ti la maldición de la esterilidad espiritual que te lanzará Ganesha.

Shiva y Parvati felices con su hijo, Ganesha

Piensa en todo ello y proyecta tu pensamiento.

PROYECCIÓN MENTAL DE PODER

Relájate.

Respira hondo.

Centra el pensamiento en tu tercer ojo, y piensa con la mente humilde y abierta:

Ten en cuenta que es posible que se te cumplan los deseos al proyectar con fuerza la mente, por lo que debes ser consciente de que cada deseo, cumplido o no, crea a su vez una obligación con su manejo y una responsabilidad de agradecimiento, sobre todo cuando hablamos de poder, uno de los más peligrosos vicios a los que se enfrenta la humanidad y todo ser humano a cada momento de su vida, y más si ha de desempeñar un papel o cargo de autoridad, donde su palabra sea ley, obligación o normativa de cumplimiento.

En cada uno de nosotros hay un pequeño dictador ávido de don de mando y de señalar lo que es la justicia, que se marea con cualquier ascenso o toma de poder y a menudo exagera o hierra en sus actitudes y propuestas casi sin darse cuenta, porque está drogado de poder y en verdad cree y piensa que es él quien manda y que los demás deben plegarse a sus deseos.

Se supone que hay personas, dioses o seres de otros planetas, que son capaces de llevar y ejercer el poder sin caer en excesos, pero son tan pocas esas personas, si es que las hay, que se debe ser muy cauto a la hora de desear y proyectar mentalmente ansias de mando y poder.

Por tanto, si pides poder, antes intenta mandar sobre ti mismo, controlar tus pensamientos, emociones y sentimientos ya que verás lo difícil que es controlarse a sí mismo, pues nos desconocemos bastante, con lo que conocer y controlar a los demás no siempre es positivo, sino un continuo conflicto donde cede el más débil, mientras que los fuertes están al acecho para subirse al poder, mandar, decidir y masacrar, si es preciso, para relevarte en el mando y ejercer el poder para ellos mismos.

En pocas palabras, no pidas lo que no puedes gestionar, pues el poder puede merendarte de un solo bocado dejándote en el manicomio y sin nada positivo para tu ser.

Pensar en el número 5 puede ayudarte a proyectar tu pensamiento a las parcelas del poder, pero eres tú quién deberá cuidar que no se te escape de las manos y te convierta en su esclavo.

Piensa en todo ello y proyecta tu pensamiento.

PROYECCIÓN MENTAL DE
SERVIR Y DE EMPLEO

Relájate.

Respira hondo.

Centra el pensamiento en tu tercer ojo, y medita:

Quien no vive para servir, no sirve para vivir.

El número 6 es un buen amplificador de la proyección mental para aquellos que buscan servir y actuar desde un segundo plano.

Por supuesto, se puede servir tanto a la humanidad como a un solo amo, y también servir a la comunidad, a la familia o a los que necesiten un empujón o una mano para salir adelante.

Tú decides que es mejor para ti y hacia dónde diriges tus intenciones, tus deseos y tus pensamientos, si es a un empleo de por vida con jubilación asegurada, o si es un acto de mejora personal humanitario que sirva de ejemplo y elevación moral y espiritual a tu comunidad.

Buena parte de lo que das a los demás volverá a ti multiplicado, aunque a veces el mal engaña y parece devolverte buenas cosas a cambio de tus malos actos, por eso le llaman "la recompensa del Diablo", que llega casi de inmediato una vez que, en lugar de servir a los demás, te has servido de ellos.

La corrupción siempre está más cerca de los servidores que de los servidos, porque el que sirve tiene el poder de ayudar, de facilitar, de favorecer o de obstaculizar lo que necesitan o quieren los demás.

"El burócrata, aunque sea el menor de los empleados, tiene un gran poder sobre el usuario, por lo que debe ser el más noble y el más honrado para no caer en el vicio de la corrupción", señala Confucio.

Los poderosos y corruptos funcionarios chinos

El empleado más humilde y servicial puede entorpecer hasta a los dioses y a los gobernantes, pues es el que sabe dónde están las llaves y los requisitos que se necesitan para acceder a palacio, nada más y nada menos, así que a veces y a cambio de una propina o de un dinero, abre las puertas de palacio a quien sea generoso con él, aunque sea un enemigo o un forastero.

Sirve, pero no te sirvas de los servicios que prestas para ganar más de lo acordado; o bien, sirve y rinde solo en los términos de lo acordado legalmente.

Piensa en todo ello y proyecta tu pensamiento.

PROYECCIÓN MENTAL DE EQUILIBRIO, PAZ Y ARMONÍA

Relájate.

Respira hondo.

Centra el pensamiento en tu tercer ojo, y reflexiona.

La vida puede llevarte a las más oscuras cuevas, y, sin embargo, tú puedes equilibrarlas y embellecerlas incluso con tu sola presencia.

La belleza interior existe, de la misma manera que la belleza exterior suele ser del todo cultural, por lo que no todo corresponde al canon de belleza y estética occidental, sino que puede ser muy diferente y capaz de producir los más diversos universos, como las más atractivas hormonas de amor, placer y complacencia.

Sí, no es un mito, la belleza y la armonía están dentro de ti, solo hace falta que proyectes tu pensamiento en la libertad de la estética universal, y no solo en las modas o en el momento de embriaguez, pasión, locura y tormento, que también se pueden disfrutar, sobre todo si están prohibidas, pero que no alimentan el alma ni crean el sendero espiritual correcto.

Felicidad, equilibrio y armonía

"Hay cosas que no se comprenden hasta que eres demasiado viejo", señaló Mahavira, el creador del jainismo, "y la belleza interior que trae la verdadera paz, armonía y felicidad es una de ellas".

Mientras las hormonas, las modas y las normas mandan, es casi imposible encontrar la felicidad perfecta pues el cuerpo espera y exige que se cubran sus apetitos sin importarle lo que piense el cerebro o lo que sienta el alma.

La armonía, sin duda alguna, es la ausencia de placer y de dolor, de ganancia o de pérdida, de deseo o de desaliento, por lo que no es fácil alcanzarla en este mundo, pero estarás siempre un poco mejor si proyectas tu pensamiento hacia el equilibrio de mente, cuerpo y alma, tanto si lo haces a través del número 7, la llave que abre todas las puertas, o una hermosa y equilibrada balanza.

Piensa en todo ello y proyecta tu pensamiento.

PROYECCIÓN MENTAL DE TRANSFORMACIÓN

Relájate.

Respira hondo.

Centra el pensamiento en tu tercer ojo, y medita:

Ten en cuenta que tanto el sexo como la muerte están muy relacionados con la transformación, el sexo como continuidad de la especie, y la muerte como el despertar en el cambio de ciclo de la existencia, donde tanto la muerte como la vida son solo ilusiones, apariencias, niveles de consciencia.

Transforma tu ser, tu energía y tu consciencia.

Transforma tu mundo, no tengas miedo a lo que venga, porque seguramente será algo hermoso, toda una gran experiencia.

Shiva es el destructor y el gran transformador, por lo que si proyectas su nombre o imagen en tu pensamiento podrás observar cómo las cosas y los eventos cambian, se transforman y adquieren un nuevo sentido para tu experiencia vital.

De gusano a mariposa, el alma se transforma

Hay miradas que seducen, pero también hay miradas que matan (cuentan que Shiva podía matar o crear un mundo con una sola mirada), pues en la vista tenemos el poder de la iluminación y de la ceguera.

A veces demasiada luz no nos deja ver qué hay más allá, y por supuesto la carencia de luz impide cualquier visión con los ojos del cuerpo, aunque no impide que se pueda ver otros mundos con el tercer ojo, la vista del alma.

Piensa en ti y mírate al espejo, proyecta hacia ti tu pensamiento a través del reflejo y del juego de luces y sombras de tu propia figura y apariencia física, y verás que tras unos minutos de atención va cambiando lo que ves, tu mismo aspecto se transforma, hay objetos que se borran o mueven a través del espejo y hasta puedes tener alucinaciones si la atención hacia del espejo es demasiado intensa y prolongada.

Así verás cómo tu ser se transforma ante ti, revelándote que quizá eres más y hasta distinto de lo que crees normalmente que eres.

Mira a través de un espejo, con intensidad y atención, todo aquello que quieras transformar, cambiar, mutar o desentrañar, y ante tus ojos aparecerán nuevas figuras y fronteras sin necesidad de ayuda externa, como las drogas.

Si tu consciencia se altera y cambia, también cambia todo lo que te rodea.

Piensa en todo ello y proyecta tu pensamiento.

PROYECCIÓN MENTAL DE VIAJES, EMPRESAS, LENGUAS Y EXTRANJERO

Relájate.

Respira hondo.

Centra el pensamiento en tu tercer ojo, y piensa:

Nacer, morir.

Viajar, crecer.

Pensar, ser y estar.

Conocer, estudiar, aprender.

Disfrutar, sufrir, comprender.

Tu mente se está proyectando siempre, pero para que tus sueños y experiencias deseadas se conviertan en realidad tienes que actuar y ser congruente.

Los triunfos pueden acecharte y llegar cuando menos te lo esperas, así que también hay que estar preparado siempre para abandonar las áreas de confort y cambiar de un instante para otro y de hoy para mañana.

Proyecta tu mente en el número 9 y verás cómo se te abren las puertas y puedes emprender todo aquello que desees.

Eso sí, procura no ser tacaño con los demás, porque al hacerlo y no dar las gracias por las colaboraciones o ayudas recibidas, corres el riesgo de que el egoísmo te ciegue y de perder todo lo conseguido, porque total, esta vida es una ilusión y de las ilusiones a menudo no queda ni rastro.

Reparte con amor y con justicia, y sin duda serás más feliz.

Logra tus metas, pero no olvides compensar ni dar las gracias a los que te han empujado a mejorar tu destino, personas o devas; no te aproveches de los demás ni abuses de las necesidades del débil, porque todo lo ganado se puede convertir en un peso difícil de llevar, imposible de soltar y en un arma de doble filo, como le sucedió a Marco Polo o hasta al gran Kublai Khan, que lo descubrieron y ganaron todo, para no gozarlo y perderlo dentro de su propio ánimo en la ficción, el aburrimiento o hasta de la falsa ilusión de tenerlo todo, porque siempre hay vacíos en el alma, siempre hay algo que nos falta.

Como decía Zaratustra: "La falta que te parte, es la parte que te falta".

Marco Polo, la ilusión de tenerlo todo

Intenta proyectar tu mente con ambición, sí, pero también con equidad, y tu ser interno vivirá y morirá más tranquilo.

La justicia es un concepto humano que pocas veces se da como tal y en lo justo, porque la naturaleza misma no es muy justa que digamos, sino donde impera la ley del más astuto o del más fuerte, es decir, que no hay una equidad palpable y visible en la que podamos basarnos para hacer lo correcto; sin embargo, la justicia es un bien deseable que deberíamos hacer realidad después de proyectarla con el pensamiento.

Piensa en todo ello y proyecta tu pensamiento.

PROYECCIÓN MENTAL DE TRIUNFO, FAMA Y ASCENSO

Relájate.

Respira hondo.

Centra el pensamiento en tu tercer ojo, y reflexiona:

No tiene nada de malo querer triunfar en la vida, llegar a las metas más altas y conseguir lo que se desea.

Incluso no tiene nada de malo querer que ese triunfo sea sonado y reconocido por los demás, o por la historia, y que tu prestigio se eleve a lo más alto.

Sin embargo, no olvides que todo ello es pura ilusión, un caramelo egoico que endulza a la lengua de la vanidad, pero que en realidad no vale nada por más apetecible que sea, y hasta puede enfermar de depresión y hastío.

No todo el mundo es capaz de sobrellevar la fama, hay quienes acaban en el suicidio al descubrir que la fama es densa, hipócrita, pesada, cruel, cambiante, meliflua y fatua, y que además debes someterte y sobajarte ante los que te la proporcionan. Nada es gratis en esta vida, y mucho menos la fama, que a menudo se cobra con creces las veleidades del alma (gracias a mis devis, o musas como les llaman en Occidente).

Por supuesto, hay quien nace para ser famoso y disfruta de ser una persona reconocida en todas partes, privilegiada, admirada y querida, aunque no sepa hacer nada, o solo sea un bufón de las mayorías porque corre, le pega a una pelota, canta o hace cualquier cosa que entretenga a las masas. Esa gente puede disfrutar creyendo que es importante y lo mejor de este mundo, muy por encima de la gente que le aplaude y que paga por verle.

Comparado con los 8 mil millones de humanos que pueblan el planeta, los famosos son muy pocos, unos cien o ciento cincuenta por temporada a nivel mundial, y otras tantas decenas o unidades a nivel local, estatal o nacional.

La Fama, el ángel de las alas negras

El número 10 es un buen icono de proyección hacia la fortuna y la fama, que tanto desespera a unos y agrada a otros, porque también hay diferentes niveles espirituales o materialistas reconocidos socialmente, aunque, como dijo Mahavira, "nadie que se preste a una mentira, a un circo o a un engaño, es un verdadero ser humano con espíritu y humildad, sino un simple animal vanidoso y sin alma, un ángel con las alas negras".

Piensa en todo ello y proyecta tu pensamiento.

PROYECCIÓN MENTAL DE INVENCIÓN Y DESCUBRIMIENTO

Relájate.

Respira hondo.

Centra el pensamiento en tu tercer ojo y medita:

El ser humano, para bien o para mal, no sería lo que es sin su consciencia, es decir, sin reconocerse a sí mismo que es, a su vez, la capacidad de pensar, inventar, descubrir, crear, hacer, deshacer, erigir, construir, sanar, y, en fin, actuar pensando en lo que hace.

Obviamente, muchas de las cosas que el ser humano común y corriente hace se deben a costumbres y repeticiones, a pura rutina conformista que solo imita y sigue los pasos de otros, y que en realidad no construye ni diseña nada.

Menos mal que siguen existiendo creativos e investigadores, y que tenemos consciencia, ya que, de otra manera, dicen algunos, seguiríamos en la edad de las cavernas. Genio y altruismo, amistad y creatividad, según Albert Einstein.

También es importante el hecho de que seamos sociales, y que esa capacidad de asociarnos lleve consigo asociada la amistad, el amor, el compañerismo, el cuidado y el respeto hacia otro, la capacidad de ayudarnos mutuamente y de reconocernos en los otros. No solo genio, también altruismo y tanto amor a la humanidad como a uno mismo.

Genio y altruismo, amistad y creatividad

La consciencia también juega un papel importante en las relaciones sociales, y el ser conscientes de que no estamos solos y de que lo que no está bien para la abeja no está bien para la colmena nos ha ayudado a minimizar nuestro instinto destructivo, con todo y que últimamente está de moda el peligro de la III Guerra Mundial, algo que podría acabar con la especie humana y hasta con todo el planeta.

La amistad y la inventiva, diría Albert Einstein, son indispensables para el desarrollo humano y el pensamiento abstracto, capaz de "descubrir" o de inventar las matemáticas para aplicarlas a todo lo que vemos y hacemos.

Piensa en lo que creas más que en lo que crees, y tendrás un mundo a tu medida.

Descubre lo que hay fuera y dentro de ti.

Estudia, investiga, piensa, proyectando tu pensamiento hacia lo ignoto y hacia la maravillosa aventura de vivir, de ser y de estar aquí.

El número 11 es un ícono especial que abre las puertas de la mente y los más elevados sentimientos, toda una revolución para la especie humana y para el cerebro.

Piensa en todo ello y proyecta tu pensamiento.

PROYECCIÓN MENTAL DE AYUDA AL PRÓJIMO

Relájate.

Respira hondo.

Centra el pensamiento en tu tercer ojo.

Centrar el pensamiento en el número 12 ayuda mucho a quien hace un voluntariado, se dedica a la medicina oficial o tradicional, o simplemente quiere probar lo que se siente estar siempre dispuesto a echar una mano sus hermanos y a la gente que le rodea.

Hay muchas personas que ya llevan en la sangre o en el alma la disposición o predisposición a cuidar a los demás, sobre todo a los más vulnerables, pero no son todas, o no somos todos, y a muchos nos falta saber qué se siente colaborar con el prójimo.

Lo curioso es que, ya sea por orgullo o por pertenecer a una cultura diferente a la nuestra, mucha gente no se quiere dejar ayudar y hasta se ríen y burlan de los que tienen buena fe y pretenden hacerlo.

Muchos de los que viven de la caridad, la limosna y la lástima ajena, como tantos niños en la India y países similares, se burlan de sus proveedores, pues los consideran tontos o ingenuos, o bien hipócritas que dando limosna creen que lavan sus pecados.

Pero eso, a los que prestan su ayuda de corazón a los menesterosos, no les importa y saben perfectamente lo que piensan algunos de sus beneficiados, y les siguen ayudando en lo que puedan, si es con comida, pues con comida, y si es con medicamentos, pues con medicamentos, y, por supuesto, hasta con dinero por más que sepan que ese dinero no tendrá un buen fin.

Las trabajadoras sociales, que a veces son peores que las monjas, ayudan, por un lado, pero por el otro lado aprietan, y a veces establecen una relación malsana de poder con los menesterosos. "Te lo vas a gastar en drogas", les dicen, cuando es obvio que los drogadictos indigentes no tienen otros gastos, necesidad o apuro, que drogarse; así que los necesitados juegan a portarse bien (o a decir que creen en Cristo o Shiva), y las trabajadoras sociales juegan a castigarlos cuando no lo hacen.

Proyectar la mente en la ayuda a los demás debería ser algo más que un juego de toma y dame entre beneficiador y beneficiado, para que la ayuda sea efectiva; por tanto, diría Durga (la diosa hindú de la fuerza interior), ayuda y haz el bien sin mirar a quien, sin envanecerte ni sentirte mejor o poderoso, sin exigir contraprestaciones por la ayuda, sin lástima hacia el ayudado y, sobre todo, sin esperar absolutamente nada a cambio, ni siquiera un aire de agradecimiento o de reconocimiento por la limosna o la ayuda prestada.

"No eres dueño de quien ayudas, y mucho menos de su alma", palabra del Maestro Wang.

Piensa en todo ello y proyecta tu pensamiento.

126

V
EL PODER DEL PENSAMIENTO
Y LAS PALABRAS

Hay que ser impecable
de pensamiento,
palabra y obra,
y no dejar para el mal
ni el último rincón del alma.

ZARATUSTRA

Para la proyección mental el pensamiento y las emociones son exactamente la misma cosa.

El alma está unida al cuerpo y se expresa a través del cerebro, por lo que nadie puede ser bueno en el fondo si no lo es en la superficie.

Nadie puede tener amor y bondad en el alma si se expresa con odio y desprecio hacia los demás.

Decimos lo que pensamos, aunque a menudo no pensemos antes de hablar. Somos lo que somos integralmente, y puede haber hipocresía, conveniencia y falsedad, pero no claridad ni verdadera sinceridad si no seguimos el consejo de Zaratustra: "Sé impecable de sentimiento, pensamiento y obra, no dejes ni un resquicio para el mal, porque el mal busca acomodo dónde y cuándo sea".

No es fácil ser impecable siempre, porque la vida está llena de altibajos en todos los sentidos, pero por lo menos hay que intentarlo, pues los pensamientos, tanto como los sentimientos y los actos pueden causar mucho daño a través del silencio y, aún más, a través de las palabras.

"Sin maldecir, siempre y a cada momento hay que luchar contra el mal", palabra de Ahura Mazda, el padre de Zaratustra.

Las maldiciones son proyecciones mentales que generalmente emitimos a través de las palabras en forma de insultos, groserías y descalificaciones, que nos arrastran al abismo del mal, o a la misma bajura que lo maldecido.

Depende cómo se digan y a quién se dirijan, las palabras pueden hacer mucho mal y herir profundamente, de la misma manera que puede sanar y mejorar el ambiente. Por eso es que no hay que combatir al mal con sus mismas armas, sino con amor y benevolencia.

"El mal es perverso y se esconde en cualquier rincón del ser interno, para saltar en cualquier momento y ensuciar el alma y los pensamientos", incluso dentro de personas que parecen buenas o que tienen un don, como la música, el arte o la sanación, porque eso las hace especiales, aunque no perfectas, y por eso el mal puede surgir desde el fondo de cualquier alma y en cualquier momento.

A veces basta un detalle, una creencia, un prejuicio o un disparador psicológico, para provocar la ira en uno mismo o en otra persona, o para darle un instante de felicidad eterna a la propia alma o al amigo, al familiar o al vecino.

LA MIRADA DE SHIVA

A veces una sola mirada basta para proyectar con poder el pensamiento, como hacían antes los abuelos para educar a los nietos y a los hijos: una simple mirada puede tener más poder que cien pensamientos y mil palabras.

El mal de ojo, o echar una mirada de odio, ira o

desprecio sobre alguien, ha sido durante milenios una de las hechicerías malvadas más temidas.

Depende cómo se mira, se proyecta el pensamiento como si los ojos fueran palabras, total, todo en el ser humano es lenguaje que cura o que daña, tanto los gestos, las miradas y los pensamientos, como las palabras:

Shiva fulmina a Kama

Cuenta la leyenda que una vez Shiva estaba tomando un baño muy santa y relajadamente en las habitaciones celestiales, cuando de pronto y de la nada apareció Kama, el deva de la lujuria, y le distrajo con pensamientos obscenos; entonces Shiva abrió su tercer ojo muy molesto, espetó una maldición y con el fuego de su ira abrasó a Kama, quemándolo y convirtiendo lo que era un delicioso placer, en un sucio pecado.

Hay varias versiones de esta leyenda dependiendo de la moralidad de moda en cada etapa de la larga historia de la India, y en algunas Kama sale quemado, pero limpio, en otras Parvati, la mujer de Shiva, salva a Kama de una muerte segura, con lo que las mujeres quedan mal paradas y son acusadas de lujuriosas y encubridoras del mal; y no faltan las que aseguran que Shiva destruyó a Kama para renovar el amor en los dioses y en los humanos.

Estar a gusto, buena y santamente, debe ser el máximo placer, y no el sexo ni la lujuria, ya que la armonía es duradera, y la pasión y la lujuria solo duran un momento o hasta el orgasmo, para desaparecer después, sería otra de las interpretaciones, por lo que hay que quemar cuanto antes a las pasiones lujuriosas para alcanzar el verdadero placer de la paz y la armonía:

· Que nadie te distraiga del bien.

· No dejes que el mal te tiente y te corrompa.

· La lujuria al final siempre es sucia y vergonzosa.

· No permitas que nada te aleje de la paz y la armonía.

· Destruye todo mal para conseguir el bien.

Hay que tener en cuenta que, dependiendo de la época, el sexo es sagrado o maldito, y la vía espiritual puede seguirse orgasmo tras orgasmo, como lo señala el tantra yoga, o sublimando el sexo convirtiéndolo en un éxtasis del alma, sin nada de carne de por medio.

Las palabras, por tanto, junto con los pensamientos y los sentimientos, son hijos y presos de la cultura que los rodea y de las modas o morales que los animen o los condenen.

El cuerpo, por su parte, como el autómata animal que es, tiene sexo cuando puede más que cuando quiere, y no siente que haga bien ni mal al tenerlo.

Un santón yogui puede alcanzar el clímax de la existencia dominando y controlando a su cuerpo, y eliminando a la lujuria que hay en él; mientras que otro santón yogui puede sentirse y creerse con el derecho inalienable de tener sexo hasta el día de su muerte, y si puede ser con hermosas adolescentes o casi niñas, mejor que mejor.

Los textos védicos hablan de los dos tipos de sublimación: una eliminando el sexo de la vida de una vez y para siempre, y otra practicándolo hasta el último aliento de vida.

SABER DÓNDE TE ENCUENTRAS

Por tanto, y para no errar, hay que saber quién eres y dónde te encuentras, si en ese lugar y en esa época en la que vives el sexo es algo normal, algo sucio, algo limpio o algo prohibido.

Puedes proyectar tu pensamiento en el sentido que más te convenga y de acuerdo con lo que te rodea, o puedes proyectarlo contra corriente asumiendo los problemas que ello puede traerte.

El bien y el mal no siempre están claros y definidos, y a menudo proyectamos deseos y pensamientos que están mal vistos por la gente que nos rodea. Por ejemplo, se dice que la vida es el principal derecho del ser humano; y, sin embargo, matar al enemigo en una guerra, o linchar al delincuente o violador que asola la aldea, puede estar muy bien visto y hasta premiado.

El aborto visto como asesinato es terrible, pero visto clínica y socialmente puede ser una buena solución tanto para la posible madre como para el feto.

El amor y la pareja han sido consignas de bienestar a lo largo de las grandes civilizaciones que en el mundo han sido, pues de este binomio nace la familia como célula base y básica de la sociedad y del estado. Pero para los casados o emparejados, los que se ven forzados a mantenerse unidos ya sea por ley, tradición o religión, eso del amor y la pareja no siempre es lo más correcto ni lo más agradable del mundo, sino una terrible obligación que puede terminar en drama o en tragedia.

Amar y tener hijos es hermoso, sin duda, pero tener que aguantar el resto de tu vida a una persona que no te gusta para nada puede ser una terrible condena.

La familia es un buen proyecto de seguridad y apoyo mutuo, pero como obligación puede ser una carga insufrible.

En Oriente se dice que reprimiendo, golpeando y hasta matando a las mujeres, se les cuida y se les ayuda, se les protege y se las eleva espiritualmente; mientras que en Occidente también se les reprime y se les mata, si hace falta, asegurando que de esa manera se les libera y se les iguala con los hombres.

¿Quién está bien y quién está mal?

Posiblemente ni Oriente ni Occidente, porque en la práctica son las mujeres las sacrificadas, mal vistas, vilipendiadas y acosadas tanto por hombres como por mujeres que se creen hombre, como las feministas radicales y lesbianas, pues se les mantiene el trato de adolescentes o de eternas prostitutas a las que hay que controlar, dirigir y reprimir, hasta la muerte si hace falta; una forma de relacionarse con las mujeres que está presente en casi todas las partes, estratos, creencias e ideologías de este mundo.

¿Dónde te encuentras? Pues en un mundo en el que no se sabe en realidad qué es el bien ni qué es el mal, pero sí lo que es conveniente, por lo que lo mejor es proyectar el pensamiento de acuerdo con los convenios y conveniencias sociales que te rodean, sin vender por eso tu alma al diablo.

"Todo aquello que pretendes proteger o salvar es negocio", señala Norbert Elías. "y a todo aquello a lo que se le pone un monumento es a lo que en realidad no se respeta".

LAS CLASES Y LAS CASTAS

No es tanto que el mundo sea imperfecto, que lo es, sino que muchos de sus males y desavenencias requieren de dos partes para que funcionen correcta o incorrectamente, pero que funcionen incluso si son del todo absurdas.

Por ejemplo, no es lo mismo lo que proyectan mentalmente los brahmanes y los parias, los artistas y los artesanos, los sabios y los ignorantes, los ricos, las clases intermedias y los pobres; sin embargo, es necesario que ambas proyecciones mentales vayan en un mismo sentido.

"Divide y vencerás", palabras de Julio César, que exista el conflicto y el enfrentamiento eternos si es necesario, pero que todos los pensamientos vayan en la misma dirección: las jerarquías, los dioses y los destinos.

133

El sistema de reencarnaciones también crea castas y hace diferencias de nivel de consciencia entre unos y otros seres humanos.

Todos somos iguales como especie, pero diferentes en cuanto a la calidad y formas de nacimiento, vida y muerte.

La muerte de un famoso importa más que la vida de la gente común y corriente.

Al héroe o al protagonista se le admira y se le recuerda; al actor secundario se le mata sin miramiento y sin tenerlo en cuenta para nada.

La persona amada es idealizada mientras se le desea sexualmente o se le ama, para pasar a ser denostada, vilipendiada y despreciada, cuando ya no se le ama, incluso se le puede desprestigiar ante los demás, o asesinar si molesta demasiado, o si es ella la que no nos ama o ha dejado de desearnos y de tenernos en cuenta para su vida diaria.

En la India hace tiempo que hay parias millonarios, lo mismo que ricos nuevos en Occidente, pero no se les acepta entre las élites, ni se les invita a cenar ni se les toma en cuenta como personas, aunque puede haber ciertas cesiones para aligerarles el peso de la cartera, y casar a una hija noble, pero pobre, con el hijo innoble, pero con dinero, para salvarse de la decadencia.

Los pobres con los pobres, aunque algunos de ellos sean ricos en dinero; y los ricos con los ricos, aunque algunos de ellos sean ricos sin dinero.

No somos de la misma clase.

Nosotros sí nos lo podemos permitir.

La clase no se estudia.

La elegancia no se aprende.

El saber ser y estar es algo que viene de nacimiento.

Al pobre, tarde o temprano, se le notarán las miserias y las carencias que trae desde su nacimiento y desde generaciones anteriores.

Se puede decir que proyectamos mentalmente y de acuerdo con nuestros superiores e inferiores la pirámide social donde los pobres abundan y los poderosos son tres o cuatro, con unos cuantos intermediarios.

Hoy en día el sistema de castas está prohibido en la India, es decir, que es ilegal discriminar a alguien por pertenecer a los parias, abusar de él, utilizarlo como esclavo, violarlo, prostituirlo o vejarlo, pero se sigue practicando y ensañando sobre todo contra las mujeres, las más débiles de los parias.

Todas las sociedades son piramidales

Divisiones sociales y raciales las hay en casi todo el mundo, la diferencia es que en la India se ha practicado el sistema de castas de una manera clara y abierta durante milenios, y en otros lugares se practica y ha practicado el sistema de castas, racismo, xenofobia y discriminación de todo tipo de una manera encubierta, llamando a esta práctica de exclusión social "normalidad" e incluso democracia, ya sea de izquierdas, de centro o de derechas, comunismo, socialismo o capitalismo, pero manteniendo los sistemas jerárquicos de una o de otra manera, con sus clases sociales separadas y hasta con claras castas divisorias, incluso manteniendo la esclavitud y la segregación por origen o nacionalidad; en fin, actuaciones de facto aunque ilegales de las que muchos reniegan y pueden no estar de acuerdo, pero que las siguen (y las seguimos) practicando igualmente y a menudo sin pensarlo, porque así las proyectamos mentalmente desde que éramos simios más cercanos a los chimpancés, y no las hemos superado.

Y no, la gente no es tonta y sabe perfectamente de lo que hablo, y entiende su posición en el mundo y ante los gobiernos o mandos, lo que pasa es que rara vez hace algo para cambiar las cosas, ya que las revoluciones y sus lideres suelen también ser jerárquicos, con divisiones y castas dentro de sus estructuras, copiando a las organizaciones militares, con lo que el resultado de sus luchas y levantamientos a menudo es peor que el sistema al que combaten o han derrotado.

Nuestra proyección mental no está preparada para hacer un mundo realmente mejor para todos, sino para sobrevivir intentando al menos que nos toque algo de suerte y que la paz se conserve.

En la India decimos:

· Los de la cúpula no tienen nada que temer, pues tienen el dinero y el poder.

· Los de la clase alta, aunque no de la cúpula, luchan por ascender y por no caer, pues tienen dinero, pero no poder.

· Los de las clases medias luchan por no caer.

· Los de las clases bajas luchan simple y llanamente por comer, porque ya no hay donde caer.

La especie humana proyecta su pensamiento de gobierno en este nivel de consciencia, por lo que no ha variado mucho en los últimos miles de años, poniendo uno que otro parche social, o fingiendo que no hay esclavitud, pero manteniendo las separaciones entre clases.

Algún día seremos diferentes y nuestra proyección mental será de amor, paz, salud y justicia, sin privilegiados ni sirvientes, pero mientras tanto lo único que podemos hacer es mejorar personalmente para proyectar lo bueno y justo que hay en nosotros sobre nuestros hermanos.

El pensamiento y las palabras son mágicos y poderosos, y con ellos podemos dañar o sanar al mundo entero, pero nos falta el alimento intelectual indicado para que superemos lo que hemos hecho hasta ahora.

LA PROYECCIÓN MENTAL DE LAS PALABRAS

Cada vez que escribimos, hablamos, decimos algo, o incluso que pensamos más o menos en voz alta por los gestos que acompañan a las palabras, proyectamos personalidad, actitud, bienes o malestar, y manchamos con ellas a los que nos rodean, o los sanamos.

Desde Edgar Allan Poe, hasta Simone Weil, pasando por Louise L. Hay, el poder de las palabras ha sido estudiado literaria, social y psicológicamente.

El carisma mágico de la letra impresa

"No hables si no es para mejorar el silencio", nos dicen algunas frases en las redes sociales, sin tomar en cuenta que el silencio, la ignorancia, la desidia y la indiferencia también son proyecciones mentales positivas o negativas que pueden sanar o hacer daño a nuestro entorno.

Callar o disimular no siempre es la mejor opción, pero mucha gente lo usa para no entrar en conflictos o en discusiones. No queremos problemas y callamos ante el mal, y a veces no nos sumamos a otras voces, aunque reconozcamos en ellas el bien, porque no estamos seguros de conservar la paz y de no herir con la verdad a quienes nos rodean.

Desgraciadamente, al callar también proyectamos mentalmente tanto una mentira interesada como una verdad dolorosa.

¿Qué debemos hacer entonces? Pues decir la verdad de manera amable y educada, y mantenerse firme en la actitud, sin dejar por ello de abrir los oídos y escuchar respetuosamente otras voces.

No hay que olvidar que aprendemos a través del ejemplo y la palabra, y ponemos atención y hasta le damos nuestra confianza a la palabra escrita tanto como a la palabra hablada, porque de entrada creemos en todo lo que se nos dice, sobre todo si lo dicho se repite constantemente o si proviene de una persona con cierta autoridad, como los maestros, los viejos, los padres o los líderes de la escuela.

Quien habla expone y se expone a ser creído o ser tomado como mentiroso, mientras que el que escucha acata, y solo tras la experiencia o el análisis descubre si lo que ha aceptado en primera instancia es verdadero o falso.

Por supuesto, hay cosas que no se pueden demostrar fehacientemente a pesar de parecer ilógicas o absurdas, como las religiones, las creencias, las leyendas, las noticias, las promesas de los gobernantes, los mitos antiguos o modernos y, por supuesto, la magia, pero que la gente acepta porque están de moda o porque son parte de la cultura y las tradiciones de su entorno, y ahí la palabra juega un importante papel de convertir en realidad casi palpable lo que es del todo absurdo o claramente una mentira interesada.

Depende cómo, cuándo, con qué tono y dónde se diga, la palabra es magia porque es una de las proyecciones mentales más poderosa con la que contamos los seres humanos.

EL PODER MÁGICO DE LA PALABRA HABLADA

En Egipto hasta los muertos debían conservar su voz, pues en ella estaba afincado el poder mágico de la palabra, y esa primera palabra mágica era el propio nombre, la identidad personal que no debía perderse ni en el más allá.

Las palabras sirven para nominar y denominar todo lo que nos rodea, para darles cuerpo, sensación y sentido, carga positiva o negativa.

Los magos de todos los tiempos han utilizado conjuros de viva voz para lograr sus hechizos.

Las brujas tienen sus oraciones mágicas que acompañan en sus rituales para conseguir el amor, la salud o el dinero: "Romero, romero, que se vaya lo malo y que venga lo bueno; romero, romero, que se vaya lo pobre y que venga el dinero; romero, romero, que llegue lo hermoso y se vaya lo feo", y así hasta agotar todas las rimas dicotómicas del romero.

El abracadabra clásico, para abrir todas las puertas de la magia.

Los rezos a los dioses, santos, devas, vírgenes y madres santas.

Las promesas a las divinidades.

La voz del que pide y clama ante el cosmos que puede darle una señal, una respuesta o una esperanza.

La voz clara y gruesa de la autoridad.

La voz aguda de la emoción, el humor y el aprendizaje.

La voz intermedia del que escucha.

La voz dolorida del que sufre.

La voz hermosa y entonada que mueve a los sentimientos del que canta.

La voz teatral y sentida que, aunque sea fingida,

motiva a las emociones y hace que se asome la lágrima.

La voz de las promesas tan esperadas.

La voz del mañana.

La voz infantil que irrita o que calma.

La voz del amor que incita a entregar el alma y a no ver ni oír a nadie más que a la persona amada.

La voz, en una palabra, es magia y proyección mental pura que nos acerca a nuestros deseos a zancadas.

En una palabra, si quieres proyectar tu pensamiento de una forma efectiva, simplemente habla con la intención requerida, desde el fondo del alma, sin fingir ni impostar, sino de acuerdo con lo que pretendes llegar, porque de esta manera transmitirás claramente a los demás, a las cosas, a los animales y hasta al universo entero lo que quieres y deseas.

Lo que digas siempre tendrá consecuencias a pesar de que los demás no quieran escucharte, porque cada palabra hiere o sana y se convierte en realidad al abrir las puertas del universo a nuestras quejas, deseos, ideas o argumentos.

Mientras más puras y sinceras sean estas palabras, más incidirán en los demás y hasta en la realidad que nos rodea.

"Pide y te será dado", se puede leer en la Biblia de los católicos y en la Torá de los judíos y en el Corán de los islámicos.

Reza, porque todos los rezos son mágicos.

Habla contigo mismo, que es tanto como hablar con tus dioses.

Incluso piensa en voz alta para que seas escuchado por quien haga falta.

Recuerda, eres lo que proyectas, eres lo que pareces y eres lo que hablas, y con una sola palabra puedes salvar una situación, pero también con una sola palabra puedes echarlo todo a perder.

Los mudos no hablan sonoramente, pero se expresan y proyectan sus pensamientos con los gestos y con la mirada, incluso con sonidos guturales que les salen del fondo de su corazón y que son algo más que palabras.

PENSAR EN VOZ ALTA

Había una vez un buen hombre llamado Said, que no hablaba por no molestar a nadie y por no interrumpir el silencio de los valles ni el canto de las aves.

Said iba y venía de su casa a la ciudad a cumplir los encargos de su familia, y a vender sus artesanías al rico marchante del mercado.

Said veía el mundo, observaba a la gente, escuchaba lo que otras personas decían y criticaban de lo que pasaba en el mundo, y él nunca opinaba, solo hablaba cuando se le requería, y no tenía más de tres palabras para contestar amablemente a quien se lo solicitara.

Nunca estaba de acuerdo ni en desacuerdo con nadie ni con nada, al menos de dientes para afuera, pues casi no hablaba ni se metía con nadie. Ante los suyos intentaba poner ejemplo con su hacer, pero no con las palabras.

"Quién quiera entender, que entienda", decía simplemente y se quedaba tan ancho y callado.

Un buen día, cuando ya era abuelo y las presiones no le angustiaban, empezó a pensar en voz alta.

Sí, seguía sin hablar, pero sus pensamientos fueron cobrando volumen, y sonaban cada vez más fuerte por más que se tapara la boca e hiciera gestos de guardar silencio.

"¡Gorda y fea, vieja desgraciada y mal educada!"
Se le escapó ante una mujer rica del pueblo, y por
ello sufrió unos cuantos varazos de los sirvientes
de la mujer, a pesar de que Said pidió perdón y se
inclinó varias veces ante ella.

"¡Cerdo explotador, te he hecho rico y me das migajas a cambio de las vasijas preciosas que hago,
desgraciado, ojalá te mueras de un infarto!" Gritó
desde el fondo de su alma al recibir el pago de su
eterno marchante.

Todos en el mercado lo oyeron, y algunos se bur-
laron del marchante mientras otros hacían gestos
de estar de acuerdo con Said.

El marchante, astuto como era, hubiera perdo-
nado a Said para seguir ganando buenas rupias
vendiendo sus artesanías, pero como todo el mundo
había escuchado el pensamiento de Said, no tuvo
más remedio que hacerse el ofendido y romper con
tan buen negocio.

Said no tardó en encontrar otro marchante, un
poco menos explotador, para que el bueno y silen-
cioso de Said no se muriera de hambre.

Poco después, con prestigio en el mercado, asistió
a una reunión donde el comisario del pueblo bus-
caba el voto de los comerciantes y los artesanos y
así ganar la alcaldía.

"¡Sucio ladrón!" se le escapó a Said sin abrir la
boca, "¿acaso no te basta con lo que has robado a
lo largo de estos años, ¡qué Shiva te destruya con
un rayo!"

El comisario, por supuesto y para que no men-
guara su autoridad, lo mandó prender y encerrar
por faltarle el respeto a la autoridad.

Tras unos azotes y algunos días sin comer, Said
fue liberado. Su mujer fue a recogerlo a la comisa-

ría, y cuando estaban llegando a la humilde casa, se les atravesó una joven y hermosa vecina.

"¡Tú eres lo que necesito, preciosa, y no a esta vieja fofa y tonta que me lleva del brazo!". Pensó en voz alta Said con tan alto volumen, que se enteró todo el pueblo y las vecinas no salieron de su espanto ante el atrevimiento del viejo.

Su mujer, avergonzada y dolida, no dijo nada, guardó silencio y no salió ni a la puerta de su casa durante semanas, hasta que Said murió y hubo que llamar al santón del lugar para que lo enterrara con los respectivos cantos y rezos.

Said era un buen hombre cauto y amable, que nunca decía casi nada, pero que, para su propio terror, pensaba en voz alta.

DR. TAPIA

VI
VIAJE A TRAVÉS
DE PENSAMIENTO Y CORAZÓN

Pensar con el alma,
razonar con el corazón,
imaginar con el cuerpo,
sanar con el desprecio
y matar con el amor,
¿puede haber algo mejor?

JAY TATSAY

La mente es capaz de proyectar verdaderas maravillas, crear mundos y conseguir casi todo lo que se proponga.

Las contradicciones y paradojas del ser humano son constantes, casi infinitas, pues puede viajar sin salir de casa, pensar con los pies y destrozar con el corazón, y no solo de una forma imaginaria, sino que puede hacer realidad contante y sonante cualquier locura y contradicción que se le ocurra.

Al ver lo que somos capaces de hacer los seres humanos con el pensamiento podríamos preguntarnos si la realidad existe. Parece ser que así es. Más allá de nuestras ideas, imaginaciones, sensaciones, ilusiones, invenciones, mitos y todo tipo de pensamientos, e incluso construcciones y manipulaciones directas de la materia, como los edificios y las bolsas de plástico, existe una realidad verdadera a la que los seres humanos apenas tenemos acceso durante nuestra corta estancia en la Tierra, una vida que no es nada, que no depende de nosotros y que lleva varios miles de millones en el cosmos y en este planeta, mientras los seres humanos apenas llevamos unos cuantos segundos en el reloj sideral.

Somos breves y necios, narcisistas y torpes, pues nos creemos los reyes del universo y no somos más que unos presuntuosos insectos que acaban de llegar al teatro del mundo.

Nuestra mente es maravillosa, sí, pero no hay nadie más que nosotros para sostener esta idea, este pensamiento.

Los dinosaurios estuvieron durante decenas o centenas de millones de años sobre este planeta, y nosotros, incluso en nuestra forma más rudimentaria, solo tres millones y medio de años en esta Tierra. El homo sapiens, el que se supone que somos nosotros, solo 500 mil años, más o menos, y posiblemente estemos ya al borde de la extinción gracias a nuestras guerras y más locos y sucios pensamientos.

Somos lo mejor del cosmos, según nosotros mismos

No somos nada, a decir de Sócrates, pero nos creemos el todo, lo más elevado del ser, del estar, de la consciencia y del pensamiento, y no paramos de mirarnos el ombligo creyéndonos el centro del universo. Nadie puede decirnos que no es cierto, y tampoco corroborar que somos lo mejor que tiene y ha tenido esta bola de agua, roca y fango que es el orbe que ocupamos y deshacemos.

Nosotros nos lo inventamos todo, y la realidad, que al final puede ser más dura de lo que creemos, nos observa y es y existe más allá de nosotros sin el menor narcisismo ni remordimiento.

Para la realidad, el ser humano apenas es algo muy pequeño, presumido, jactancioso y débil, además de enclenque y breve.

La realidad está ahí desde antes que nosotros, y seguirá estando duremos lo que duremos junto a ella. No importa, a la realidad no le importa nuestra presencia, porque existe y seguirá existiendo con o sin nosotros.

Esta es la realidad de la realidad, algo que no les gusta ni les ha gustado a algunos hombres sabios, y a casi todos los necios.

De hecho, a muchos filósofos ni siquiera les gusta ni les ha gustado la idea, o realidad, de que no somos más que animales, una especie curiosa y capaz de construir castillos físicos y con la mente, pero animales al fin y al cabo que tienen que cumplir con sus funciones fisiológicas, como comer, respirar, dormir y defecar para no morir, como cualquier otro animal, ni más ni menos.

Además, en realidad no sabemos cómo funcionan del todo los animales, y los creemos inferiores porque nos los comemos, o porque no se comportan exactamente como nosotros y tienen otro tipo de lenguajes y pensamientos.

Aristóteles ya sabía que los perros y los gatos soñaban.

En India y África ya sabíamos que los monos, los osos y los lobos a menudo tienen comportamientos "humanos" de afecto, familia, organización jerárquica, sentido del humor, pena, lágrimas, risas, momentos de duelo, ayuda mutua y hasta sentido del tiempo.

¿Quién es el animal?

Los animales, lo sabemos hace tiempo, tienen comportamientos que a menudo consideramos humanos, o bien, que los humanos a menudo tenemos todo tipo de comportamiento animal, y que ellos proyectan sus pensamientos y sus deseos, no sabemos si a través del tercer ojo, porque como nosotros también tienen sus ilusiones, pulsiones, deseos y temores.

Muchos de ellos, al igual que el planeta y la naturaleza, seguirán existiendo una vez que la especie humana haya desaparecido, y seguirán teniendo sus emociones, ilusiones, pensamientos y miedos, sin acordarse seguramente que los humanos fuimos alguna vez sus engreídos compañeros.

LA TRASCENDENCIA

Quizá lo único que nos diferencia del mundo animal y de la realidad material y física es la idea o creencia de trascendencia, es decir, que hay algo más allá de esta vida, existencia o realidad pura y dura.

No sabemos a ciencia cierta qué sienten o piensan los animales con respecto al tema del más allá, las religiones o las creencias de trascendencia, y aunque algunos humanos ya creen que hay un cielo para las mascotas, no sabemos si las mascotas piensan y sienten de igual manera.

Sabemos, porque podemos verlo, que a muchos animales no les gusta la muerte, que sienten miedo y hasta terror ante ciertos estímulos, que se ensañan matando a otros animales, que "endiosan" a sus amos o compañeros humanos, pero no sabemos qué piensan o sienten al respecto.

Parece obvio que no construyen templos y que no adoran a imágenes de madera y de yeso, aunque algunos elefantes tengan lugares preferidos para que descansen los elefantes muertos, verdaderos cementerios de elefantes donde descansan los huesos de varios paquidermos.

Las hembras de chimpancé practican el duelo con sus crías muertas, y las llevan consigo un largo tiempo después de que han fallecido, hasta que superan el dolor de la pérdida.

Los animales también pueden ser crueles y matar por matar, como hacen algunos gatos con los roedores, con los que juegan, los matan y no se los comen, y se aburren de ellos cuando se dan cuenta de que ya no se mueven para darles el zarpazo final y buscar a otros juguetes vivos.

No es exactamente un manual de la vida después de la vida ni sobre la trascendencia espiritual tibetana, pero tal parece que los animales por lo menos distinguen entre lo que es estar vivo y lo que es estar muerto, y hasta es posible que tengan y practiquen rituales funerarios que desconocemos, pues quizá no les basta llorar, gemir o aullar a la luz de la luna llena para demostrar sus dolidos sentimientos.

¿EL TIEMPO EXISTE?

Para unos sí, para otros no, pero es obvio que algo transcurre entre primavera y verano, entre el Sol y la Tierra, entre una partida y una llegada de tal lado a tal lado, que puede medirse físicamente y experimentarse emocionalmente.

El tiempo, emocional y físico

Quizá no sea constante y universal como aseguró Isaac Newton, pues el tiempo sideral transcurre a otras velocidades y de forma diferente en cada plano astral, y hasta de manera diferente entre la estratósfera y el ras de la Tierra, pero se puede medir y comparar.

Algunos, entre seudocientíficos y esotéricos, aseguran que el tiempo no existe, porque todo es un eterno presente, con lo que el presente tampoco existe porque desaparece continuamente para convertirse en un pasado inexistente, o se proyecta a un futuro que todavía no está pero que pronto se convertirá en presente y segundos después en pasado, de tal manera que el tiempo sería un todo dividido solo por nuestra mente y nuestra manera de medir y de pensar, pero del todo inasible, aunque de alguna manera existente.

También se ha apostado porque sea la cuarta dimensión física tras las tres dimensiones de largo, alto y ancho que experimentamos como seres físicos y tridimensionales, y que gracias a esa cuarta dimensión experimentamos el movimiento, los lapsos y el transcurrir en línea continua y siempre hacia adelante, lo que la hace una dimensión bastante limitada, o bien, que ya en la quinta dimensión podría recorrerse hacia atrás, hacia adelante y hasta hacia los lados, de tal manera que el futuro podría verse a simple vista y el pasado podría ser variable, pues si se pudiera viajar en la dimensión temporal hacia adelante y hacia atrás, el futuro influiría en el pasado y en el presente, el presente en el futuro y en el pasado, y el pasado, como ya lo hace ahora, en el presente y en el futuro: todo sería cuestión de movimiento y de velocidad, como les pasa a los electrones y a los neutrinos en física cuántica, que van hacia donde quieren sin que por el momento podamos determinar su posición, no porque sean mágicos, sino porque su velocidad se los permite, y dicha velocidad, dicen algunos físicos teóricos con la boca chiquita porque está prohibido decirlo, puede ser mucho más alta que la de la luz proyectada mentalmente por Einstein.

Si la velocidad de la luz no es el verdadero límite, el cual ya causa problemas con la continuidad y universalidad del tiempo propuesta por Newton, velocidades superiores pueden acabar de descomponer cualquier idea, teoría y norma factual que pudiéramos tener con respecto al tiempo.

¿El tiempo existe? Sí, pero todavía no podemos comprenderlo más allá de lo inmediato y de los fenómenos propios de nuestro mundo físico y material, donde se comporta tal y como dijo Newton, y no como dijo Einstein.

EN LOS SUEÑOS

Los sueños son un mundo especial y diferente, donde el tiempo no existe de verdad, o transcurre de una manera muy diferente, pues en él puede aparecer la influencia del día de hoy, la gente que ha muerto, el pasado más lejano, incluso más allá del nacimiento, y el futuro de una forma más que comprobable y a veces hasta evidente.

Nuestro pensamiento se proyecta en el mundo de los sueños todos los días y todas las noches de nuestra vida, pero rara vez lo controlamos, es decir, es muy raro que tengamos sueños conscientes, y que dominemos lo que en ellos sucede, para ir hacia atrás o hacia adelante en el tiempo, por ejemplo, o para estudiar una materia científica, esotérica, trascendente o tan intrascendente como ver y conocer el número que mañana va a ser agraciado con varios millones de dólares o de euros en la lotería.

En este sentido, se puede decir que el mundo de los sueños es del todo real pues lo experimentamos diariamente, pero a la vez indomable y diferente, aunque se puede intentar dominar los sueños proyectando el pensamiento desde lo más profundo del tercer ojo y, por supuesto, del alma y de la mente.

El mundo onírico, real, pero indomable y diferente

PROGRAMACIÓN DE PROYECCIÓN
MENTAL PARA DOMINAR LOS SUEÑOS

Se pueden programar y dominar los sueños proyectando sobre ellos el poder de la mente, sumando emociones, sentimientos y pensamientos claros y lúcidos sobre la experiencia onírica:

· Ve a la cama con toda tranquilidad y sin preocupación alguna.

· Procura estar lo más relajadamente posible y sin interferencias externas.

· Date un suave y breve masaje sobre la frente y sobre las patillas.

· Junta tus dedos pulgar, índice y medio de cada mano.

· Centra el pensamiento en el entrecejo, justo en tu tercer ojo (puedes poner una pequeña moneda o anillo en este punto para sentir su energía con mayor claridad).

· Justo antes de quedarte profundamente dormido, toma consciencia de la respiración.

· Respira contando hasta diez.

· Retén el aire en los pulmones contando mentalmente hasta diez.

· Exhala el aire contando mentalmente hasta diez.

· Deja vacíos los pulmones contando mentalmente hasta diez.

· Repite el ejercicio diez veces. Parece fácil, pero para muchas personas no lo es porque se distraen o no pueden mantener sin aire sus pulmones durante diez segundos.

· Siente cómo se hunde tu cuerpo físico

en la cama y cómo se eleva suavemente tu cuerpo mental, como si flotara levemente.

· Piensa claramente qué quieres suceda en el sueño que ya se acerca a ti.

· Fija la imagen mental en lo que quieres que suceda en el sueño, como viajar al pasado, fortalecer el presente, llegar al futuro.

· Tú debes ser el protagonista del sueño, como en una obra de teatro o como en una película.

· Puedes dotarte de una nave, armas o protección imaginaria para sentirte con mayor seguridad en el viaje onírico que está por comenzar, o imaginarte más grande, más fuerte y valiente de lo que sueles ser en la vida cotidiana.

· Puedes imaginar que te acompañan esclavos, ángeles, demonios o cualquier tipo de amigos, guardianes y servidores, el caso es que debes sentirte fuerte y poderoso en tu próximo sueño.

· Programa la presencia de otras personas que te interese que aparezcan en el sueño, y dales un papel determinado que se ajuste a tus deseos.

· No olvides ni dudes jamás, la persona que dirige tus sueños eres tú y nadie más que tú. Tome consciencia de ti mismo. Por ejemplo, puedes imaginar y proyectar a tu jefe aumentándote el sueldo, o al amor de tu vida completamente entregado y rendido a sus pies.

· Puedes estudiar idiomas, matemáticas y el tema que te apetezca, pues con este ejercicio puedes tener acceso al archivo Akàsico, o a cualquier clase, conferencia, profesor o biblioteca (los resultados son sorprendentes, sobre todo porque en el mundo de los sueños muchos de nosotros ya hablamos diferentes idiomas).

· No hay límites para la creación de nuestros dones y de nuestro propio mundo y universo.

· No es recomendable, pues nada se gana odiando, pero también puedes imaginar y proyectar mentalmente cómo deshacerte de tus enemigos.

· Piensa, sobre todo, que las cosas están bajo tu control y que va a suceder exactamente lo que tú quieres que suceda.

· Una vez que te sienta fuerte y con el control sobre tu sueño, déjate llevar al mundo onírico donde no hay tiempo ni espacio, solo la voluntad de ser y de estar, y tu capacidad para convertir en realidad lo que parece imposible.

No espere que todo lo salga a la primera, aunque a veces sucede. Practica hasta que tengas cierto control sobre sus sueños, los que, aunque no lo creas, se alimentan de la realidad y a la realidad vuelven muchas veces en forma de acto o de materia.

Tampoco te envanezca si las cosas te salen medianamente bien o muy bien tras hacer una proyección mental sobre tus sueños, porque la magia de los pensamientos no es una ciencia repetitiva y puede ver frustradas nuevas experiencias.

El mago no desprecia materia, pero tampoco adora a nada ni a nadie, ni siquiera a sí mismo, porque sabe que la materia de los sueños, como la vida misma, es pasajera y, a veces, mutable y caprichosa, sobre todo si la vanidad, el ego y la codicia asoman la cabeza.

La vida misma es un sueño, como escribió Calderón de la Barca, y hay que tener la humildad suficiente para aceptarlo y para comprenderlo.

Por otra parte, intentar dominar los sueños y programarlos con la proyección del pensamiento puede tener resultados sorprendentes que el soñador debe apreciar y aprovechar, dando las gracias siempre por lo conseguido, aunque solo sea sopa de pollo para el alma, como algo que calme sus angustias y fortalezca su mente.

LAS COSAS DEL CORAZÓN

Si algo estamos proyectando constantemente, sobre todo en la juventud y la adolescencia, son las cosas del corazón.

Nuestra biología nos empuja en esas edades a reproducirnos y a tener a alguien con quien compartir la vida, aunque estas dos opciones estén llenas de contradicciones y no se pongan de acuerdo con la primera, ni a la segunda ni a la tercera, y a veces casi nunca, porque una cosa es el sexo reproductivo, lleno de feromonas, pasión y hasta locura, y otra las relaciones estables de respeto y responsabilidad para el cuidado de los hijos y el soporte de la pareja.

Según el *Kama Sutra*, los desencuentros entre el sexo y el amor familiar y de pareja son constantes porque no se educa a la gente en los preceptos básicos del amor y del sexo.

Se puede amar intensamente sin sexo.

Y se puede tener sexo inconmensurable y orgásmico sin amar.

Nadie le suele decir a los jóvenes abiertamente que la mujer es distinta al hombre, mucho más sexual, hormonal y posesiva, pero también más práctica a la hora de formar pareja, incluso cuando se equivoca, mientras que el hombre es menos potente sexualmente, nada práctico a la hora de formar pareja, y más ingenuo.

Durante milenios, tanto en la India como en el resto del mundo, las madres aleccionaban a sus hijas con respecto a su comportamiento con los hombres, y les ensañaban a dar y a recibir en la justa medida para obtener lo que deseaban de ellos; si sexo, pues el sexo conveniente, y si amor, el amor con medida.

Doce mil años de entrenamiento sexual y de pareja de madres a hijas, algo que se ha roto apenas en el siglo XX cuando aparecieron las grandes guerras mundiales y las mujeres, sobre todo las madres jóvenes, dejaron de escuchar a sus progenitoras y de aleccionar a sus descendientes.

Los sociólogos y los antropólogos, como Durkheim y Marvis Harris, han escrito mucho sobre el tema, pero la gente común y corriente pocas veces lee sus textos, donde podemos encontrar muchas de las claves del cambio de relaciones entre madres e hijas en los últimos tiempos, con lo que la educación socio sexual y de relaciones de pareja, se ha perdido entre ellas sobre todo en las grandes urbes donde las mujeres ya no quieren seguir los roles clásicos con la mujer como receptora, cuidadora, maestra, amante y enfermera, y el hombre como protector y proveedor, sacrificado por y para la mujer y la familia.

Los hombres, con su patriarcado y homosocialidad han mantenido una educación de proveedores a los que no les importa nada más que cumplir, falsos amantes o donjuanes, y dueños y reyes de su hogar, a los que ahora se les pide que inventen nuevas masculinidades, en las cuales, sin quererlo, hacen que las mujeres y posibles parejas en un futuro, se sientan desprotegidas.

Lo social tiene un gran peso en nuestra vida diaria y en las proyecciones mentales de sus componentes, pero la biología, por más que se la niegue y se la culpe de machismo y patriarcado, sigue segregando hormonas de recepción y menos violencia para ellas (estrógenos), con un treinta por ciento menos de masa muscular que los hombres; y de violencia para ellos (testosterona y adrenalina) con una disposición biológica a la caza y al asesinato de los enemigos. Por supuesto, hay mujeres violentas, pero no tantas ni tanto como los hombres; de la misma manera que hay hombres receptivos, pero solo un 10% de la población masculina.

Sexualmente la biología es implacable, y mientras ellas son más resistentes y duraderas, sobre todo si evitan el orgasmo, ellos son más puntuales y tienen muy poca capacidad para evitar la eyaculación cuando llega el momento. Ni siquiera el tantra yoga ha logrado que los señores "eyaculen para adentro" ni que las mujeres finjan sus orgasmos.

Ellas reciben y poseen (por eso son más celosas); ellos dan y penetran mientras hay dureza en el miembro viril, pero hasta ahí, y, por supuesto, como la mayoría de los animales también son celosos.

No cabe duda de que el romanticismo, como proyección mental del amor, lo inventaron los hombres, pero para solaz interpretación de las mujeres, que pueden masturbarse sin que nadie se dé cuenta, mientras que los hombres son incapaces de masturbarse con esa discreción femenina, en silencio y sin aspavientos.

Las diferencias son muchas, pero gracias a la biología, de nuevo, las que desean ser madres y pueden quedarse embarazadas son ellas, mientras que ellos no pueden lograrlo todavía ni con la mejor tecnología médica.

Ellos tienen próstata. Ellas no.

Sin embargo, están condenados a entenderse, al menos mientras haya atracción social y sexual entre ellos, aunque nunca se había dicho que tener pareja fuera una obligación social y legal, hasta que a los atenienses se les ocurrió hacerlo hace casi cuatro mil años. Antes, como señala Engels, no había obligación de casarse entre la gente, y solo los reyes y los monarcas lo hacían por los intereses y alianzas propias de sus respectivas coronas.

Durante mucho tiempo, y quizá hoy en día también, solo se casaban los muy ricos y los muy pobres, los muy ricos por intereses económicos y poder, y los muy pobres por ignorancia y ganas de emular a los muy ricos.

El concubinato, las madres solteras y los emparejamientos puntuales, son los que han privado en las relaciones sexuales y sociales entre hombres y mujeres desde hace por lo menos 250 mil años, ya fueran homo sapiens, neandertales o mezclados entre ambos, sin parejas estables, pero sí lazos tribales y familiares, donde la madre más anciana era la base y el mando de aquellos matriarcados de los que nadie quiere hablar académica o no académicamente, porque los unos se asustan y las otras se ofenden.

Proyectarse mentalmente en el amor y en el sexo, por lo tanto, suele ser una serie de equívocos y malentendidos, que solo se medio entienden en la intimidad y en el sexo pacato o con discreción, porque tal parece que ninguna de las dos partes, ni hombres ni mujeres, está dispuesta a practicarlo de forma desinhibida y natural, y todo queda en fantasías, ilusiones, intereses, mentiras, apariencias, vanidades y alimentos egoicos, sin una educación abierta y mucho menos eficiente.

¿Amor o pasión sexual, igual o diferente?

Pero, como diría Galileo, "y, sin embargo, funciona, y, sin embargo, se mueve", refiriéndose al planeta Tierra que seguía las leyes naturales a pesar de la oposición de la Iglesia, y no al sexo ni a las relaciones entre hombres y mujeres, a las que les pasa lo mismo: funcionan, se mueven, se unen, se separan y hacen todas las locuras habidas y por haber cuando en realidad solo son una función fisiológica y natural que se realiza y se mantiene a pesar de las proyecciones mentales, creencias sociales, necedades religiosas y romanticismos alocados.

Total, lo único que tiene que hacer una persona para conseguir el objeto de su deseo es manifestarlo abiertamente, o contándoselo a una amiga para que se lo cuente al ser deseado y así despierte en él el deseo contrario o complementario, o no, con el dramático despecho subsecuente.

La locura del amor y la pareja solo puede darse entre personas jóvenes, ingenuas y creyentes en eso del romance, el sexo, el matrimonio y la conformación de una familia con unos cuantos hijos, es decir, entre personas que no piensan, porque, como diría Jardiel Poncela, si lo piensas, no lo haces.

Por supuesto, se puede mentir, utilizar, ilusionar y hasta jugar con los sentimientos ajenos de una manera consciente o inconsciente, algo que puede acabar trágicamente porque, aunque solo sea una pulsión socio biológica, hay quien se toma el tema del amor y el sexo muy seriamente, pues cree que en eso le va el honor, la vida y hasta la salud mental, y llevar el drama pasional a los terrenos del crimen, la violencia o la muerte; y todo por una proyección mental inconsistente.

Tener pareja o no tener pareja, he ahí el dilema, porque hasta los más sabios, como a Sócrates, una Jantipa los ha alcanzado, o, como a Nietzsche, una Salomé les ha roto el corazón y les ha amargado la existencia.

Solo algunos monjes, y no todos, superan la prueba y se abstienen de proyectarse mentalmente en los terrenos del amor y la pareja.

Tú decides lo que quieres proyectar mentalmente sobre el amor, pero no esperes que la respuesta sea perfecta ni duradera, aunque sí puede ser placentera y hasta recurrente, total, para ello solo hace falta valor y lanzarse al ruedo, ya que se cuenta con otros factores que ayudan al amancebamiento, con todo el respeto:

Hay presión social.
Hay pulsión sexual.
Hay necesidades emocionales.
Hay necesidades fisiológicas.
Hay dramas y novelas escritas.
Hay películas y comedias llenas de romanticismo incomprensible.
Hay canciones de amor, verdaderas proyecciones mentales que emocionan, empujan o hieren al alma y la avocan a amar y dejarse atar.

En fin, hay amor para todos y, a pesar de todo, puede ser grato, hermoso y lleno de armonía y felicidad, tanto, que quizá te toque la lotería de un buen amor y pueda proyectar mentalmente y gracias a él su felicidad.

VII
LA FUERZA DEL EGO:
EL PODER Y LA ABUNDANCIA

No sabes qué eres
ni quién eres,
pero sabes que eres
y que estás
en un mundo de miserias
y de placeres.

EPICURO

Las eternas preguntas de la humanidad son sobre saber qué somos y quiénes somos, de dónde venimos y hacia dónde vamos.

¿Será? O es lo que nos quieren hacer creer, porque a mí no me importó saberlo hasta que lo leí en Europa, muy lejos de mi Bombay natal y alejado de Shiva, al que nunca le pregunté sobre mi ego y sobre mi existencia, pues daba por hecho que yo era un ser, básicamente puro ego, que estaba encadenado a la vida y que tenía que aprender mucho y experimentar mucho para encontrar la manera de desatarme del mundo material para aspirar al Nirvana o a la liberación de mi cuerpo espiritual, que el que de verdad existía, pues todo lo demás era ilusión.

Pensar que vengo del aliento de Brahma, estaba claro. Y que voy a la luz eterna, perfecta y continua tras una serie de reencarnaciones y aprendizajes, para mí era lo más normal del mundo.

La abundancia en una casa pequeño burguesa

de Mumbai era simple y sencilla, como tener qué comer, ropa limpia para vestir, y gozar de un techo en familia, que en la India de aquel entonces (y todavía hoy en día) era todo un lujo para millones de indios que vivían en la extrema pobreza y que no sabían si comerían ese día.

Muchos apenas si contaban con un jubón para no ir desnudos, y no eran pocos los que vivían a la intemperie o en chozas sucias y decadentes cuando tenían suerte.

Una rosquilla bañada con miel podía ser motivo de robo y envidia, y saber pedir limosna la diferencia entre sobrevivir (y hasta ahorrar) o morir en poco tiempo.

No hacía falta ser el príncipe Siddhartha Gautama para darse cuenta de que muchísima gente vivía en la miseria, el problema era que esa miseria estaba normalizada, tanto para mi familia como para los vecinos, para los brahmanes y para los parias.

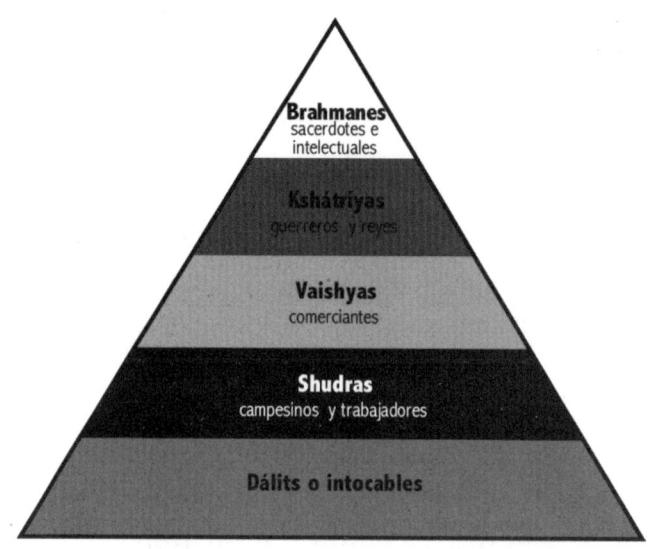

Pirámide de castas en la antigua India

La proyección mental de un paria era aceptada por todos, incluido él mismo, pues el *dalit* (paria o sucio) había nacido *dalit* y esperaba morir *dalit* con todas sus consecuencias, a la espera de una próxima reencarnación más halagüeña donde pudiera elevarse a *shudra* (artesano o campesino) por lo menos, ya que para llegar a Brahman necesitaría, seguramente, más de cien vidas.

Para los menos favorecidos tener abundancia era un sueño o un deseo que casi nunca se cumplía, y tener poder, estaba muy lejos del poder que detentaban jefes, policías, soldados o gobernantes, pues para muchos de ellos era más que suficiente poder levantarse tras un breve sueño para seguir trabajando de la forma más terrible, explotada y miserable.

Hay poderes que muchos de nosotros tenemos y que despreciamos o dejamos de lado porque no nos parecen importantes:

Poder ver, oír y oler.
Poder caminar, correr y saltar.
Poder hablar, reír. Incluso poder llorar.
Poder sentir y amar.
Poder vestir (aunque lo natural sería la desnudez).
Poder callar cuando conviene.
Poder pensar, incluso cuando erramos y nos equivocamos.
Poder viajar.
Poder comer.
Poder obedecer.
Poder mandar y dirigir.
Poder engendrar, concebir y parir.
Poder cantar, escribir, pintar, esculpir, tocar un

instrumento; poder crear o interpretar, es un don hermoso y conmovedor.

Poder existir y vivir.

Poder amar, tanto sexual como social o emocionalmente.

Poder disfrutar tanto del bien como del mal.

Poder inventar, crear e imaginar.

Poder descubrir, estudiar e investigar.

Poder discutir y opinar, aunque lo hagamos desde la más supina ignorancia.

Poder pecar y poder fallar, e incluso poder insultar a otros a sabiendas, de una manera tan cobarde como pusilánime, que al hacerlo no nos estamos jugando la vida, o sí, todo depende del contexto; o poder equivocarse sin pensar en las consecuencias y lanzarse de cabeza al vacío tanto de forma consciente como de manera del todo necia e inconsciente.

Poder, si acaso, elevar la consciencia y liberar al espíritu, porque el Zen dice que, a cualquiera, rico o pobre, brahmán o *dalit*, puede llegarle la lucidez en cualquier momento para alcanzar las puertas celestiales, o entrada al nirvana, total, Siddhartha Gautama tenía problemas de obesidad y poca o nula experiencia del amor entre hombre y mujer, y a pesar de eso llegó a despertar y a iluminarse.

Poder proyectar la mente hacia lo amado, lo querido, lo deseado y lograr el milagro de conseguir algo es un preciado tesoro entre los dones y los poderes que la naturaleza y los devas nos han dado.

Despreciar un don es un pecado, porque debilita al ser e impide la evolución propia y del resto de los seres humanos.

Haz lo que puedas hacer, no seas laxo.

Cualquiera puede despertar e iluminarse

EL MAL PROYECTADO

También podemos hacer el mal, por supuesto, y a veces lo hacemos a diario de manera consciente o inconsciente, como delinquir, explotar a los demás, mentir, engañar, defraudar, no pagar nuestras deudas, blasfemar, herir y dañar, robar y medrar, y encima darnos el gusto de creer que por hacerlo somos más listos que el de al lado, y que la culpa es suya porque no se ha defendido y se ha dejado manipular como un esclavo o como un bellaco.

Le podemos llamar lucha por la supervivencia, cuando la mayoría de las veces solo es una manera de proyectar la mente hacia poderes y haceres sibilinos, y, por supuesto malvados.

"Sabe mejor la sandía robada que la sandía comprada".

Las leyes pueden sancionarnos, pero el poder, el verdadero poder y sus brazos de corrupción pueden salvarnos y darnos la más indigna de las impunidades, pero impunidad, al fin y al cabo, y solazarnos con ello en lugar de hacer conciencia, avergonzarnos y tratar de rectificar o enmendar el mal hecho.

No es que nos perdonemos ni que entendamos la verdad de las cosas y su significado más profundo, es que tenemos un ego demasiado grande y le damos gusto en casi todo lo que nos pide, a sabiendas de que el ego no se satisface con nada y que siempre pide más y más, al tiempo que no soporta que le señalen sus defectos, ni los mínimos ni los grandes, porque incluso matando con crueldad y saña a su propia y santa madre, quiere tener la razón, parecer bueno y acertado, considerado y hasta justo, y, si hace falta, magnánimo y amable.

Sí, podemos ser indignos y descarados al tiempo que intentamos pasar por buenas personas que saben justificar sus faltas.

En Occidente, además, las religiones suelen perdonar los pecados y salvar a las almas mediante sumisión, creencia, fanatismo o pago, pero en Oriente, el mal acumula karma negativo y no se puede limpiar con limosnas o fe, sino con un descenso evolutivo que nos hará retroceder vidas apartándonos del ascenso espiritual soñado, por lo que puede parecer que los dioses de Occidente son más laxos que los de Oriente, o más poderosos y cercanos a sus fieles, depende desde dónde se mire e interprete, como si los indios y los chinos tuvieran dioses más crueles y débiles, mientras que los judíos, los mahometanos y los católicos tanto como los cristianos, contaran con uno o varios dioses realmente poderosos.

¡Mi dios es más poderoso que el tuyo! Porque el tuyo, como los *dalit*, ni siquiera sabe lo que es el verdadero poder, y su proyección mental es primitiva y deplorable.

¿Qué es el poder?

La capacidad de imponer la propia voluntad sobre la voluntad ajena sería una de las definiciones, pero hay más, algunas famosas, otras literarias y otras más nacidas del numen popular:

· Tener la capacidad de hacer, manipular o modificar a alguien o algo.

· Estar por encima de las leyes, las normas, la justicia, la ética, la fe, la dignidad y la moral, tanto de pensamiento, sentimiento o facto.

El peligro de aplaudir al poder, Gandhi

· Quien aplaude al poder, aplaude su propia indignidad y muerte.

171

· Estar por encima del bien y del mal es un delicioso poder.

· Tener superioridad de hecho sobre el resto, más fuerza, más medios, más decisión y menos escrúpulos (o ninguno), y sin más cortapisas que el objetivo o el deseo cumplido, sin importarle la razón de los otros, que por definición siempre son más torpes y débiles.

· Las leyes no se hicieron contra los poderosos, sino para cuidarlos de los pobres y favorecer sus negocios.

· El poder no conoce fronteras.

· Nadie conoce a los verdaderamente poderosos.

· Tienen al mundo en sus manos y a nosotros como esclavos.

· Es posible que, como las mujeres, ni siquiera sean humanos.

· Hacer lo que quieras y desees, bueno, regular o malo, sin que nada ni nadie te lo impida, y hasta se te aplauda cualquier tipo de desvergüenza, blasfemia, abuso o asesinato, eso es el verdadero poder.

· El más terrible de los vicios que no se satisface con nada.

· La necedad y el orgullo suelen ser compañeros del poder, junto con la desfachatez y la codicia.

· El poder sencillo no es el verdadero poder.

· Solo el que es verdaderamente fuerte puede ser del todo poderoso.

· Ni siquiera muchos dioses pueden darse el lujo de ser todopoderosos.

· Tener poder para poder tener, o poder tener para tener poder.

· Nadie da lo que no tiene ni puede.

LOS PLACERES, LA FELICIDAD Y LA PROYECCIÓN MENTAL

No son muchas a lo largo de la historia, pero no ha faltado la voz que asegure que hemos venido a este mundo a gozar, a pasear, a divertirnos, a probar todos y cada uno de los placeres de la vida y de la existencia, a vivir en paz y armonía sin buscar la felicidad, pues ya la tenemos al ser y estar tan agradablemente y sin sufrimiento sobre este minúsculo y curioso planeta.

Somos mucho más afortunados de lo que imaginamos, aunque a veces se nos escapa en una que otra proyección mental.

El filósofo Epicuro es el más famoso representante de los hedonistas, es decir, de aquellos que piensan que hemos venido a esta vida a gozar y no a sufrir.

Por otra parte, resulta al menos sospechoso que

se haya insistido tanto en ver lo negativo y en padecer todo tipo de males y dolores, al tiempo que se
inhiben y se reprimen los placeres del espíritu, del
alma y del cuerpo.

Todo exceso es malo, también lo dice Epicuro, ya
que un exceso de felicidad puede ser fatal para un
corazón viejo, débil o herido; lo mismo que un exceso de dulzura y cariño afecta al páncreas hasta
de los niños.

Pero eso no debe impedir que goces todo lo que
puedas en esta vida mientras dure, que no dura
demasiado ni en las mejores condiciones posibles,
incluidos el dominio y el sufrimiento consentido,
que es con el que gozan los masoquistas.

No lo olvides, más que en tus proyecciones mentales, en tus actos en sociedad:

"Todo lo que me gusta es malo, engorda, está
prohibido legalmente o es pecado".

Que la vida sea una orgía placentera, es pecado

Con lo que, muchas veces, la buena gente se siente culpable de vivir y gozar intensamente esta breve y prestada existencia.

Lo tenemos grabado a sangre y fuego en el alma y en el pensamiento, y así lo proyectamos mentalmente, disfrutar de más es un pecado.

Es como si fuera o estuviera obligado padecer una terrible y dolorosa resaca, o las consecuencias más nefastas, después de haber gozado.

No se puede (ni se debe) estar contento, alegre, satisfecho y reposado tras haber asistido a una orgía de comida y sexo, o de cualquier otro placer, pues hay que sufrir una terrible resaca y pagar por ello con creces, un embarazo, una rotura sentimental, una enfermedad venérea o sufriendo la ira de nuestros dioses a los que no les gusta que disfrutemos intensamente de todo tipo de placeres.

"Gozar es malo", dicen muchas sacras escrituras, "sufrir es lo que en realidad enseña y eleva el espíritu o el ánimo".

¿Estar alegre siempre?, dicen las jerarquías que no, que no se debe, que no es bueno, que no es sano, pues no se aprende, no se supera nada, no se experimenta el mal en carne propia, no queda nada por lo que pedir perdón, ser redimido o ser salvado.

También dicen que no hay que saber mucho, que no hay que tenerlo todo, que hay que conformarse con la ignorancia y la ingenuidad, que la lucidez causa problemas, que la libertad es la madre de todas las inseguridades, con lo que, más a menudo de lo que creemos, proyectamos mentalmente nuestras propias limitaciones y hasta atacamos al compañero que se sale del rebaño.

¡Somos hijos de la mala vida! Dicen, y aseguran que no hay que tener felicidad para poder buscarla, y que ser siempre feliz y sano es aburrido, por lo que hay que hacerle daño al cuerpo con las drogas y los malos hábitos, pues así somos, aparentemente, muy rebeldes, y hay que lastimar a la mente y a los sentimientos con cualquier emoción, pensamiento o sentimientos negativos o frustrados, para que nos deprimamos, enfermemos y aprendamos.

Nos lo dicen los padres y las abuelas: hay que sufrir para aprender a apreciar lo bueno, o para comprender el poder de los dioses y así ser felices al humillarnos, porque todo mal, al fin y al cabo, es un toque de humildad para quien lo padece, y la felicidad, una frivolidad de gente soberbia, pero que en el fondo es débil porque no se atreve a pasarlo mal y sufrir profundamente.

No hace falta ser un gobernante o un dueño del mundo para aconsejar el mal como proceso de un bien futuro, o de otra vida que nunca veremos, una simple cajera de supermercado o un agente de tránsito pueden mostrarnos el sendero de los pesares con un simple mal trato o abuso de autoridad.

La pareja, esa persona amada que asegura que quiere hacernos felices, a veces nos hace un daño terrible con la traición, el abuso, la violencia o el engaño, simple y llanamente porque tiene el poder para hacerlo al proyectar su mente sobre nuestras debilidades emocionales.

Además, ser feliz puede ser signo de soberbia y autocomplacencia, inicio de placeres que atentan contra los dioses, pues al estar demasiado bien podemos querer igualarnos a ellos, o incluso superarlos.

Dicen que proyectar mentalmente estados de suma felicidad puede herir a quien tenemos al lado tanto como a los dioses, por lo que, más que ser hipócrita, hay que ser cauto o discreto, porque ser descarado con la felicidad propia hace que brote la envidia en la compañera o en el compañero, y eso a pesar de que la alegría parezca ser compartida, y no solo del que la goza, la expresa o la inicia.

Sí, hay gente que no es que no desee la felicidad propia, sino que espera que el compañero o la compañera no la tenga nunca, como el preso o el esclavo que odian al compañero que alcanza su libertad, y lo odian por haberla conseguido y mostrar su felicidad al respecto.

"¿Quieres que la gente se ría? ¡Cuenta tus penas, María!", dice el refrán, porque a menudo a la gente le caes bien porque sufres y das lástima y pena, mientras que te odia si cuentas tus alegrías, aunque te sonrían y no te lo digan.

En otras palabras, los grandes filósofos siempre han dicho que el poder odia la felicidad, pero te anima a conseguirla, quizá para engañarte y tenderte una trampa, o para poder justificar la forma en que te maltrata y utiliza, simple y llanamente porque el poderoso en realidad nunca tiene ni ha tenido la felicidad que expresa la gente humilde.

Epicuro recomienda gozar todo lo que se pueda en esta vida, aunque también recomienda equilibrio y evitar los excesos, según algunos de sus seguidores, aunque solo sea para no provocar el odio, el rencor y posibles e injustificadas venganzas de los que odian la felicidad y adoran el sufrimiento, sobre todo si el que sufre es un subalterno.

Las relaciones de poder, nos cuenta Max Weber, tanto entre la gente pobre o que tiene muy poco, como en la gente rica y poderosa, a menudo se basan en la supuesta superioridad moral, una superioridad que confiere el poder de decirle al otro lo que tiene que hacer y lo que no tiene que hacer, lo que debe pensar y lo que no debe pensar, lo que debe decir y lo que debe callar, lo que debe sentir y lo que debe reprimir, como sucede en la ética protestante, que por eso es la más seria y elevada del mundo, aunque para ello haya que dominar a otras naciones eventualmente, saquearlas y masacrarlas, obviamente.

*Max Weber, y la proyección mental de la ética
protestante para dominar al mundo correctamente*

El amor, la bondad y la santidad, como son superiores moralmente, le dicen al odio, la maldad y la suciedad lo que deben y lo que no deben hacer; y el odio, la maldad y la suciedad fingen obedecer y hasta acatar lo que señalan el amor, la bondad y la santidad, pero en el fondo de su ser, y en cuanto los "buenos" se descuidan, los "malos" hacen lo que quieren sin importarles las consecuencias de sus actos.

Todo depende de quién ostente el poder, porque el poder, más que cualquier ética, moral o ley, es quien decide quiénes son buenos y a quiénes hay que reprimir del todo, con la anuencia del estado, de los catedráticos, de la iglesia (cualquiera que esta sea) y de la sabia y obediente sociedad.

Por supuesto, el ser humano es capaz de ser casto y puro, a la vez que es capaz de ser todo lo contrario, pero en las relaciones humanas cada quien proyecta mentalmente un disfraz de bondad o de maldad para vencer moralmente al otro, y así poseerlo y dominarlo convenientemente.

Todo es cuestión de poder, con lo que el que puede, puede, y el que no puede, se acomoda (no hay que olvidar que, además de los débiles, acomodaticios y pusilánimes que se suman al poder de sus jefes, existen personas que no pueden por problemas de salud o capacidades físicas, pero que se acomodan muy bien y hasta logran ciertas cotas de poder y de autoridad moral gracias precisamente a sus discapacidades y a su forma de proyectarse mentalmente ante los "capacitados").

"Proyecta mentalmente poder, y, no lo dudes, algo de poder tendrás frente a los otros, porque entre los otros hay legiones a las que les encanta someterse".

VIII
El viaje interior

El poder es abundancia
hasta que el desierto quiere,
que nadie desdeñe su alma
porque la vida es muy breve.

CANTO POPULAR SAHARIANO

¿Para qué sirve pensar?

¿Para qué sirve proyectar conscientemente el pensamiento?

Para unas cuantas cosas:

Para crear.

Para compartir.

Para relacionarse con los demás y con el mundo externo.

Para apreciar lo que se ve, se oye, se paladea y se siente incluso más allá de lo cultural o de lo considerado normal.

Para aprender, criticar y entender.

Para que las experiencias vitales, desde las cotidianas hasta las espirituales o trascendentales tengan un valor, un sentido, una utilidad para la salud, para el cuerpo y para el alma.

Para comprender y superar los miedos y los temores.

Para no repetir demasiado los mismos errores.

Para cuestionar lo que parece incuestionable.

Para ir a favor, pero también para ser neutral o para ir en contra.

Para descubrir y percibir otros mundos, otras ideas, otras realidades.

Para analizar, investigar y manipular la materia.

Para imaginar y tener mitos, rituales y creencias.

Para soñar, despertar y soñar de nuevo.

Para desarrollar y desarrollarnos en las artes y las ciencias.

Para reír y gozar.

Para desmitificar.

Para desenmascarar al poder.

*El humor es un arma peligrosa
en manos de intelectuales*

Para lograr nuestros cometidos.

Para alimentar a nuestro ser interno, alma o espíritu.

Para alimentar a nuestro ser externo, nuestro ego.

Para filosofar.

Para escribir, dibujar, leer, interpretar, cantar, tocar uno o varios instrumentos, esculpir, construir, arreglar, transformar y definir.

Para ser algo más que un simple autómata.

Para expresar lo que se quiere, ama, desea o se necesita.

Y, de vez en cuando, para lograr ese milagro que nos desvela.

Por supuesto, una identidad notable es un binomio al cuadrado, pura abstracción matemática para quien tiene como identidad ser matemático, y eso le haga creer que es superior a los monos y a los sapos, que de matemáticas parece que no saben nada de nada.

Si un animal se equivoca, es que es inteligente,
y el hombre se equivoca siempre

No sabemos qué sienten ni qué piensan nuestros hermanos en la Naturaleza, el resto de los seres vivos de este planeta, pero sí sabemos que nosotros, los seres humanos, tenemos el vicio de pensar, cuestionar e investigar lo que se refiere a nosotros mismos, y de proyectarnos mentalmente, tanto para definir nuestra propia identidad, como para relacionarnos con los otros seres humanos.

Proyectamos mentalmente nuestra personalidad, de la misma manera que proyectamos mentalmente el estado de nuestra alma, de nuestro espíritu, si es que lo tenemos, y proyectamos mentalmente lo que deseamos y esperamos de esta realidad que nos rodea.

Nos creemos especiales porque no hay nadie que nos diga lo contrario, ni dioses ni extraterrestres nos cuestionan ni nos señalan nuestra verdadera valía ni el saco de defectos que cargamos y llevamos dentro.

PROYECCIÓN MENTAL DE LA IDENTIDAD

Somos nosotros mismos los que nos ratificamos o nos ponemos en duda, nadie más, tanto y de tal manera, que nuestras queridas mascotas han terminado por aceptarnos simplemente tal y como somos, algo que quizá también tendríamos que hacer nosotros. No hay más.

Nos gusta tener al menos una identidad y proyectarla mentalmente con fuerza para tener un lugar en el mundo o en la sociedad, pero ostentamos varias:

Nombre.
Edad.
Altura.
Lugar de nacimiento.
Estado de salud.
Estado civil.

Género, sexo o inclinación sexual.
Altura.
Peso.
Color de ojos.
Color de pelo.
Nacionalidad.
Equipo de nuestra preferencia.
Religión o creencias más o menos esotéricas.
Artistas admirados.
Ideas que nos representan.
Ideologías que defendemos.
Fanatismos que nos alientan.
Trabajo.
Estudios.
Ocio.
Deporte que practicamos.
Defectos que queremos superar.
Lengua que hablamos.
Aficiones.
Sentimientos.
Preferencias.
Ganancias.
Incluso deudas.
Triunfos.
Carencias.
Necesidades.
Apetencias.

Todo eso creemos ser, y todo eso, y alguna cosa más que se me escapa, proyectamos mentalmente hacia el mundo entero a la espera de ser aceptados y de que los demás nos identifiquen y busquen la manera de evitarnos o un punto de encuentro.

Nuestra identidad, que quizá sea del todo errada, falsa o inexistente, es el ego que se supone que debemos desterrar de nosotros según las enseñanzas búdicas de Oriente, constituye buena parte de nuestro pensamiento cotidiano y es algo que proyectamos mentalmente a diario.

En cierta manera somos una especie de espejo y reflejo de nosotros mismos, porque si nacimos en un país poderoso e importante, creemos que somos algo poderosos e importantes porque así lo muestra, aunque no lo demuestra, nuestra nacionalidad, parte ineludible de nuestra identidad, y lo que con ella proyectamos mentalmente al resto del mundo que no han tenido la suerte de nacer en un país rico, poderoso y avanzado.

¿Somos lo que vemos en el espejo?

Renunciar al ego identitario no es nada fácil, porque además de lograr que nos relacionemos con los demás, hace que nos relacionemos con nosotros mismos.

Sin embargo, cuando se nos pregunta quiénes somos desde el punto de vista esotérico o filosófico, no sabemos contestar, y nos dejamos llevar por frases como aquella que dice "conócete a ti mismo y vencerás todo lo demás", pues nos hace pensar un simple rasgo identitario que somos mejores, o al menos que somos algo por tener un nombre rimbombante, un apellido con abolengo, un país de masacres y conquistas, un equipo ganador, una mujer hermosa, una ropa de marca, unos zapatos caros, un auto deportivo, un disfraz de lo que sea que nos pone por encima del resto de nuestros hermanos, olvidándonos de que nada ni nadie es superior a los demás de ninguna manera, y mucho menos porque nació rubio y de ojos azules, o más alto.

EL SER INTERNO

¿Cuál de todas nuestras identidades sociales y cotidianas es la identidad del ser interno?

¿Quién se cree que es el famoso espíritu que nos anima, y que muchos dicen sentir, pero nadie ve?

¿Quién es ese ser que seguirá existiendo una vez que el cuerpo, el alma, la mente, el cerebro y nuestros pensamientos hayan muerto? No lo sabemos ni tenemos la menor idea de cómo conocerlo.

Pero quizá, dicen algunos gurús, podamos contactar con él de alguna manera, ya sea mágica, esotérica o misteriosa, porque, al fin y al cabo, ese espíritu que nos anima, ese ser místico e interno, no es más que tú mismo.

Según los grandes maestros, el ser interno eres tú mismo en un estado perfecto e ideal, con un nivel de consciencia superior, que de alguna manera ya vive en el cielo, en el más allá o en el nirvana, pues ese es su verdadero hogar, y tu estancia en la Tierra la experimenta como una lección, como un juego o incluso como un simple y agradable paseo, por lo que puede aburrirse o alegrarse el corto tiempo que dura la vida para una persona que nace en este planeta.

Memoria y pensamiento

Los seres humanos somos en buena parte memoria y pensamiento.

Somos lo que experimentamos y guardamos en el cerebro en forma de recuerdos.

Hay recuerdos inmediatos o memoria corta.

Hay una memoria reactiva, que responde a ciertos estímulos que recuerda ese autómata al que llamamos cuerpo.

Hay una memoria a largo plazo, que tampoco es tan largo porque muchas cosas de nuestra vida hasta el día de hoy las olvidamos.

La memoria es la capacidad de guardar un recuerdo y traerlo a la mente cuando queramos o cuando lo necesitemos.

Hay personas con una memoria fotográfica, eidética o prodigiosa, que no olvidan casi nada, y para algunos de ellos es una suerte, pero para otros es un verdadero tormento.

Personas como Funes, el memorioso (cuento de Jorge Luis Borges), a las que los abruman todos los recuerdos de golpe y sin posibilidad de olvido, son pocas y, generalmente, padecen algún tipo de autismo.

Y las personas que se olvidan de casi todo, ya sea por despiste o por una neuropatía, son muchas; además de que cada persona recuerda los hechos de su vida como las películas, es decir, de forma fragmentada y sesgada, sin un buen orden cronológico y borrando lo que no gusta o no conviene, es lo más común, y compete al grueso de la humanidad. El efecto Rashomon, lo llaman en sociología, pues cada quien ve y recuerda la realidad desde su propio punto de vista.

El exceso de memoria puede ser un tormento

No faltan los que suman experiencias, viajes, amores y eventos sexuales que nunca han tenido, porque en cierta forma, y sin mentir conscientemente, llegan a creer que estuvieron ahí o que hicieron esto o aquello de manera difusa, pero apegada a su pensamiento.

Los mitómanos más o menos graves pertenecen a este sector, aunque partan de una presunción, creencia o clara mentira, llegan a pensar que fue cierto algo que solo han inventado o imaginan.

Sí, hay gente que constantemente proyecta mentalmente mentiras y más mentiras, ya sea para engañar a los demás y hacer proselitismo de una ideología o creencia, o simplemente porque se las cree incluso si son del todo absurdas.

Los mitos y las leyendas, aunque glamorosas, educativas y culturales, son mentiras que se proyectan desde la mente o el *ethos* de los pueblos y de la gente.

Por otra parte, están las personas despistadas, cuya memoria inmediata es muy laxa; las que se quedan con la palabra, el nombre o el concepto en la punta de la lengua, y al final o en otro momento lo recuerdan, esforzándose o no.

Total, lo que pensamos suelen ser recuerdos, y lo que recordamos suelen ser hechos convertidos en pensamientos, una proyección mental en ambos casos que nos puede llevar a decir que los seres humanos somos lo que pensamos y lo que recordamos, o lo que recordamos y lo que pensamos, nada más, con la gravedad de que algo tan sencillo como la demencia o el Alzheimer pueden destruir con toda facilidad y restregarnos en la cara que no somos nadie ni nada.

Si solo somos lo que pensamos y lo que recordamos, no somos absolutamente nada, y nuestro fabuloso paquete de identidades sensibles y sociales, mucho menos.

¿Qué nos queda?

No lo sabemos de cierto, pero el espíritu, el ser interno, el que quiere liberarse de todo lo material para existir plácidamente en el nirvana o en los cielos, puede ser lo único que nos quede cuando los recuerdos y los pensamientos hayan desaparecido o hayan muerto.

El cuerpo físico, el autómata mecánico y orgánico, no los necesita para funcionar correctamente, tanto en la naturaleza como en el mundo urbano, porque no tiene alma ni mente, pero sí memoria inmediata e instintiva, es decir, que aprende como cualquier otro animal, y ese aprendizaje está muy adelantado en estos momentos gracias a lo que los seres humanos con mente, alma y consciencia hemos construido hasta ahora.

No lo conocemos a ciencia cierta, pero podemos concentrarnos e imaginarlo, centrarlo en nuestro tercer ojo y enviar nuestro pensamiento hacia él, y entonces esperar que nos devuelva al menos el reflejo de su ser, y así tener, más que una identidad social, un ego libre de cadenas y de pesos.

"Busca a tu ser interno en el fondo de tu alma y proyéctalo mentalmente hacia el cosmos sin temor alguno, y entonces gozarás de una tranquilidad de alma increíble al descubrir que no existe la muerte".

IX
El poder de imaginar, pensar y crear proyectando el pensamiento

Proyecta tus pensamientos sin miedo
a lo que suceda,
porque todo es creación de tu mente
y en ella no hay consecuencias.
La vida es una ilusión
para quien realmente piensa.

T'SAO CHAN

Ser y estar, estar y ser.

Bendito idioma el castellano que nos permite diferenciar entre ser y estar, entre estar y ser, algo que no tienen otras lenguas.

Como el dios católico, o judeocristiano, que "es" pues ha sido verbalizado, pero "no está", porque es intangible, con lo cual solo se puede justificar su existencia ontológica, pero no real del todo.

Yo, por ejemplo, no creo en los dioses, porque los devas que conozco son bastante torpes o maliciosos, quizá juguetones, poco intelectuales y demasiado interesados en los lujos y el dinero, al menos para mi gusto, sobre todo porque pertenecen a otro plano que no es el material, aunque tampoco parece demasiado elevado.

Shiva, por ejemplo, que merece todos mis respetos por lograr una cohesión social en la India a través de su avatar Krishna, tampoco es todopoderoso ni omnipresente, ni un castigador nato, aunque, como Jehová, también justifica el asesinato

193

de los no creyentes; así que me quedo con mis devas, que me dan poco, pero que algo me dan, y con mis devis (sobre todo porque son mis musas indias), que son algo celosas, como buenas féminas, y no me dejan tener amores terrenales, como buen monje, pero que me acompañan siempre y me inspiran textos y más textos continua y constantemente. Gracias.

PROYECCIÓN MENTAL PARA EL NEGOCIO

No hay que olvidarse del alma ni del espíritu, por supuesto, pero como seres humanos que comemos, vestimos y consumimos, la proyección del pensamiento en la vida diaria puede ayudarnos a mejorar nuestra economía; por ejemplo, en el campo de los negocios:

A

Si quieres iniciar un negocio proyecta mentalmente, como si de un proyector cinematográfico se tratara, la letra A en todo y para todo, pero sobre todo en la idea de negocio que quieres iniciar, activar, poner en marcha o aumentar tus ganancias prácticamente de un día para otro. No pierdes nada con probarlo, así que toma la decisión de proyectar tu mente y ponerte ya manos a la obra en todo lo que hace falta que hagas. Piensa siempre en ser el primero, y llegarás antes que otros a la meta.

B

Si quieres administrar o continuar un negocio proyecta mentalmente, como si de un proyector cinematográfico se tratara, la letra B en todo y para todo, pero sobre todo en la idea de negocio que quieres continuar, administrar, sacarle provecho bancaria o financieramente. También es positivo proyectar la letra B sobre cultivos, granjas, minas y productos de la tierra en general, donde toda lucha ecológica es bienvenida.

C

Si quieres publicitar un negocio y hacer que lo conozca medio mundo, proyecta mentalmente, como si de un proyector cinematográfico se tratara, la letra C en todo y para todo, pero sobre todo en la idea de negocio que quieres proyectar hacia los demás para aumentar tus ventas. Desde el periodismo hasta la política, pasando por la medicina y las nuevas tecnologías, la letra C es un buen potenciador y comunicador de negocio. Recuera, la gente compra lo que conoce y desconfía de lo desconocido.

D

Si quieres que tu negocio sea prácticamente tu hogar, maternal, familiar, acogedor y duradero, procura proyectar mentalmente, como si de un proyector cinematográfico se tratara, la letra D en todo y para todo, pero sobre todo en la idea de negocio que quieras convertir en tu propia casa. La letra D vitaliza muy bien los negocios de comida, bebida, restauración y hostelería en general, pero también en empresas turísticas, maternidades, escuelas, institutos, y hasta en centros alternativos, esotéricos o de terapias alternativas y naturales.

E

Si quieres que tu negocio brille o sea de lujo, sinónimo de riqueza y prestigio social, proyecta mentalmente, como si de un proyector cinematográfico se tratara, la letra E en todo y para todo, pero sobre todo en el negocio al que quieras llevar a las alturas. Todo lo que esté relacionado con la alta moda, la joyería, los metales, la industria pesada y los combustibles y la energía, responden de maravilla a la influencia de la letra E. También impulsa la gerencia, el liderazgo y el mando, y todo lo que ensalce el ego, la fama, la fortuna y la personalidad.

F

Si quieres que tu negocio sirva realmente para tu comunidad, reciba subvenciones o apoyos económicos institucionales y tenga salidas poéticas o culturales, sociales y humanitarias o intelectuales, proyecta mentalmente, como si de un proyector cinematográfico se tratara, la letra F en todo y para todo, pero sobre todo en ese negocio o servicio por el que luchas y has soñado toda la vida. Ánimo, que todo es posible con la proyección del pensamiento.

F

Si quieres tener un negocio de verdad estético y que llame la atención por su hermosura, y dedicado a la belleza, a la salud, a la armonía, e incluso a los análisis clínicos, la contabilidad, la gestión, las estadísticas o las matemáticas, proyecta mentalmente, como si de un proyector cinematográfico se tratara, la letra G en todo y para todo, pero sobre todo en tu negocio y en lo que deseas materialmente hablando, y verás como te encaminas hacia el éxito.

H

Si quieres montar o crear un negocio de verdadero impacto, transformador, diferente, arriesgado, lleno de sorpresas y adrenalina, proyecta mentalmente, como si de un proyector cinematográfico se tratara, la letra H en todo y para todo, pero sobre todo en la idea de negocio que quieres crear radicalmente. Las funerarias, la industria química, el ejército, las armas, la policía, el servicio secreto o de investigación, y hasta la brujería y el liderazgo religioso, crecen con la proyección mental de la letra H.

I

Si quieres crear un negocio relacionado con los idiomas, las leyes, la justicia, los viajes, la política e incluso la religión, proyecta mentalmente, como si de un proyector cinematográfico se tratara, la letra I en todo y para todo, pero sobre todo en la idea de negocio que quieres crear, no importa lo ambicioso o especial que este sea. También tiene buena influencia sobre los deportes de riesgo, el circo, las aventuras y experimentos o inventos innovadores de todo tipo.

J

Si quieres llegar a lo más alto en tu negocio, empleo o trabajo, proyecta mentalmente, como si de un proyector cinematográfico se tratara, la letra J en todo y para todo, pero sobre todo en el negocio que te impulsa a buscar nuevas metas y promueve tu ambición. La letra J aumentará tu raciocinio y fuerza de voluntad, así como te dotará de la paciencia, insistencia, resiliencia, resistencia y constancia necesarias para seguir ascendiendo sin desfallecer en la búsqueda de tus propósitos. La fama y la gloria, en uno u otro terreno, está asegurada para quien camina o corre hacia la cima sin temor a despeñarse y con la capacidad para recuperarse tras cada caída.

K

Si quieres descubrir el agua tibia, el hilo negro, cómo viajar a Marte en un instante, revolucionar las artes y las ciencias, cambiar los paradigmas sociales, inventar un mundo nuevo con la llave y la clave de las nuevas tecnologías y los avances de la mente, lanza tu pensamiento, como si de un proyector cinematográfico se tratara, con la letra K como protagonista en todo y para todo, pero sobre todo en el negocio, estudio, investigación o revelación que tienes en mente. Curiosamente, la letra K tiene muy buena mano con la comedia, el humor, lo excéntrico y todo lo que se salga de lo común y lo corriente.

L

Si quieres que tu negocio sea todo sensibilidad o arte, o una gran industria internacional, e incluso dedicada a la salvación del planeta, los niños, el hambre en el mundo, alguna enfermedad o similares, desde un hospital, una academia de artes, un teatro, hasta una poderosa industria farmacéutica, entonces proyecta mentalmente, como si de un proyector cinematográfico se tratara, la letra L en todo y para todo, pero sobre todo en la idea de negocio que tu corazón y tu intuición desean con toda el alma llevar a cabo.

La mente es más poderosa de lo que normalmente imaginamos, sobre todo cuando se centra en un tema determinado y se acompaña de la acción con una actitud positiva y decidida de lo que se desea, quiere y proyecta.

No hay imposibles, solo tiempos de espera e insistencia.

PROYECCIÓN MENTAL Y SALUD

La proyección mental nos dice que existe la autocuración, pues basta con proyectar mentalmente tu pensamiento de poder, fuerza y salud a la zona afectada de tu organismo.

La soga suele romperse por lo más débil, pero no siempre, porque a veces se rompe por donde menos se espera y de una manera inconsciente, ya sea por una enfermedad o por un accidente.

La medicina en general, más que curar, ayuda a que el organismo se recupere y se regenere por sí solo. Estar atento y consciente de nuestros actos y pensamientos, evita accidentes.

El efecto placebo es factible incluso si proviene de uno mismo, por ejemplo, santificando con el pensamiento un sencillo y simple vaso de agua, dándole el poder mental de curar todo tipo de afecciones. Muchas medicinas funcionan así y en un 25% confirmado: más por la confianza y creencia de su poder curativo, que le da el enfermo, que por lo que el medicamento contiene.

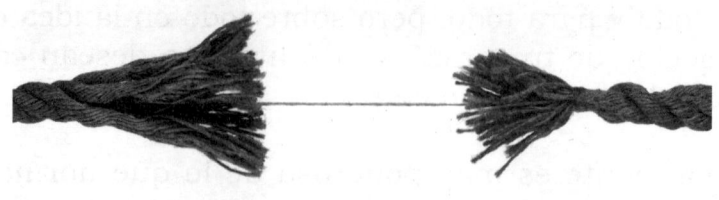

La soga suele romperse por lo más débil

Un pequeño caramelo puede convertirse de esta manera en un poderoso anticancerígeno, gracias a la proyección mental del paciente sobre sus bondades de sanación.

No se suele contar y mucho menos confesar, pero el cuerpo pasa por diversos problemas de salud a lo largo de nuestra vida sin que seamos conscientes de ello, incluidos tumores y enfermedades que de saber que las padecemos, quizá nos llevarían a la tumba.

Muchas de esas enfermedades remiten o las superamos simplemente con un buen estado de ánimo, con pensamientos positivos en otras áreas de la vida y con la proyección mental hacia el futuro.

Por tanto, conocer la enfermedad no siempre es positivo, porque así como existe el efecto placebo que puede curarnos con un sorbo de agua sacralizada por nosotros mismos, por un brujo o por un médico, el pensar en una enfermedad y proyectar negativamente o con miedo nuestro pensamiento sobre ella puede operar el efecto nocebo, que es el contrario del efecto placebo, y acelerar el mal de la enfermedad, acobardarnos y hacer que arrojemos la toalla sin presentar batalla.

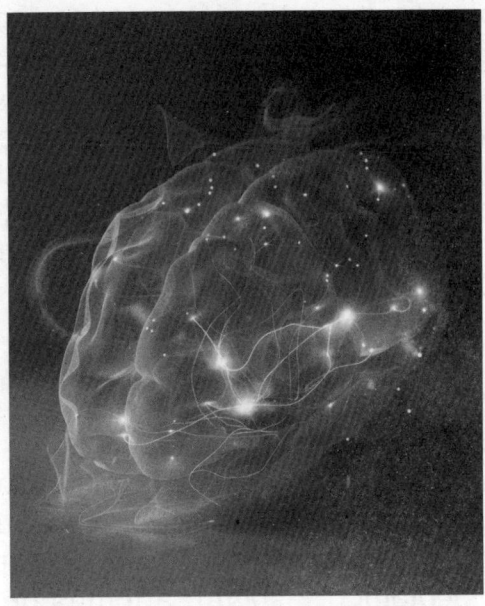

Si crees que cura, cura, lo dicta tu mente

No son pocas las personas que padecen algún tipo de cáncer y viven mal y con molestias, pero no caen verdaderamente enfermos hasta que el médico les diagnostica la enfermedad, y lo que parecía una simple molestia se convierte en una condena de muerte.

Aunque parezca increíble, ese cáncer pudo haber remitido sin que la persona se hubiera dado cuenta (de hecho, así sucede en muchas ocasiones), y seguir con su vida durante diez o veinte años más. Sin embargo, a veces, si se toma conciencia de que se tiene un tumor cancerígeno en cierta zona del organismo, uno se puede venir abajo, deprimirse, tener más síntomas y dolores de la enfermedad, y finalmente morir.

Saber no siempre es la respuesta, pues depende de la capacidad de encaje y aceptación que tenga la persona.

Por supuesto, hay quien toma consciencia de su enfermedad y no se deprime, sino que se enfada y lucha por recuperar su salud, porque no se amedrenta y sabe que puede hacerle frente a cualquier cosa en este mundo, y que, total, la vida es solo un estado de consciencia, pero que vale la pena enfrentar cualquier mal para sacarle el mayor jugo posible a la existencia.

LA ACTITUD COMO PROYECCIÓN MENTAL CONSCIENTE

Si tomamos consciencia de algo tan sencillo como nuestra actitud ante los demás y ante la vida misma, por lo que contar con un buen estado emocional o psicológico y social, además de abrirnos casi todas las puertas de las relaciones humanas y de la relación que mantenemos con nosotros mismos, nos mejora la salud y hace nuestra vida más plena y grata.

Proyecta lo mejor que hay en ti, y volverá a ti lo mejor de lo que te rodea.

No caigas en la trampa del conflicto, y si alguien cree que la luna es de queso, déjale que lo crea, no discutas si la discusión en lugar de llevar a una solución y entendimiento entre las partes solo conduce al conflicto, a la necedad y a la insistencia torpe y vanidosa del ego, propio o ajeno; lo que puede decantar en un verdadero enfrentamiento físico o violento, del que no hay ninguna necesidad.

Si tienes un ánimo guerrero y de lucha, ve a un gimnasio o apúntate en un ejército, y ve directamente a una batalla violenta y cruenta, así vivirás, lo poco que vivas, contento.

Sí, hay que aceptar que en este mundo existe gente de todo tipo, y que es más agradable estar con la que nos hace la vida grata en cualquier sentido, que convivir con quien nos desagrada o mueve nuestros peores instintos.

La vida es compleja en muchos sentidos, por lo que hay que procurar hacerla mejor en el sentido que más nos convenga y agrade.

Por supuesto, es mejor ser consciente de lo que se siente y de lo que se piensa, para mejorarlo o encauzarlo en la vía que más nos satisfaga, porque el ser inconscientes de lo que proyectamos con nuestra actitud puede llevarnos a reaccionar como cualquier bestia, y caer en un abismo de problemas que pueden hacernos daño o que nos enferman ensuciando o entristeciendo nuestros pensamientos.

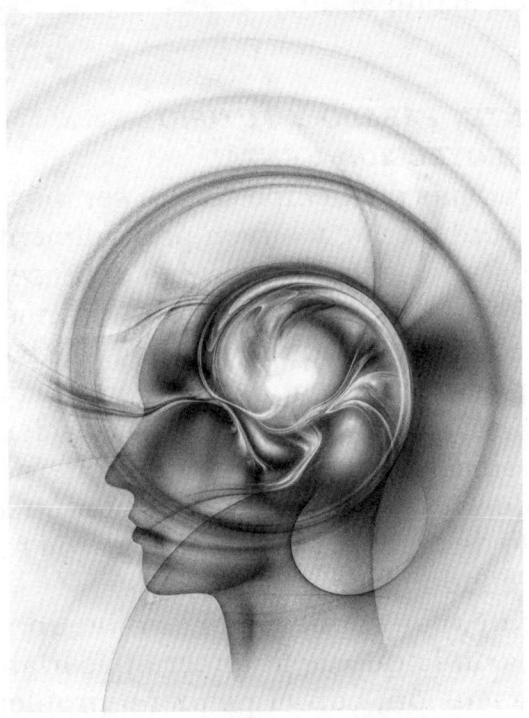

Proyecta tu actitud positivamente

Si te gusta sufrir, adelante, camina por el camino del sufrimiento que al menos es más duradero que el camino de la alegría puntual; pero si no te gusta sufrir, eleva tu consciencia y proyéctala tanto en tu pensamiento como en tus actos.

La madurez, decía mi abuela, no le llega al hombre hasta los ochenta años, o cuando está a punto de morir; mientras que a la mujer le llega cuando es adolescentes.

Madurar no es precisamente envejecer, aunque a veces vayan de la mano, porque tomar consciencia de ser y estar, y proyectar en consecuencia lo mejor de nuestro pensamiento con estabilidad emocional, lo puede lograr hasta un niño de 7 años si está bien acompañado.

PRESENTE, PASADO Y FUTURO DE LA PROYECCIÓN MENTAL

Las paradojas del tiempo suelen ser más semánticas que verdaderas, y sirven para alimentar todo tipo de dilatancias en libros como el presente y en las redes sociales, anunciando que unos físicos acaban de descubrir que el tiempo no existe.

Por supuesto, el tiempo, como otros conceptos abstractos del pensamiento humano, científico o no, es inasible, es decir que no tiene cuerpo ni materia de donde agarrarle y nadie nos puede vender un kilo de tiempo, aunque nos puede regalar el suyo poniéndonos atención.

Se discute, por supuesto, si es o no una dimensión más, con lo que de la tercera pasaríamos a la cuarta dimensión, con el pequeño problema que esa dimensión no la podemos manipular a nuestro gusto como las otras tres, pues siempre va hacia adelante y, aunque matemáticamente la podemos

situar donde nos dé la gana, físicamente no la podemos recorrer como sí podemos recorrer el largo,
el alto y ancho de las otras tres dimensiones donde
nos movemos.

El tiempo en la quinta dimensión

El tiempo entonces, como el número dos, pi o
el número de Euler, se convierte en irracional, y
para poder movernos en él, hacia adelante o hacia
atrás, hacia abajo o hacia arriba, o hacia cualquier
otro lado dimensional que desconocemos, tendríamos que acceder a una quinta dimensión que apenas somos capaces de imaginar, pues la cuarta ya
nos tiene alelados.

¿Cómo será un espacio geométrico de cinco dimensiones? Teóricamente, el espacio geométrico
de cuatro dimensiones sería un híper cubo ya cal-
culado en el siglo XVIII, y que no podemos ver como
los seres que ven en dos dimensiones no pueden
ver más que nuestra sombra o nuestro reflejo proyectado en dos dimensiones, es decir, plano.

Y si no podemos ver y solo podemos imaginar la cuarta dimensión, la quinta dimensión, desde la cual sí se podría recorrer el tiempo a placer, nos queda aún más lejos.

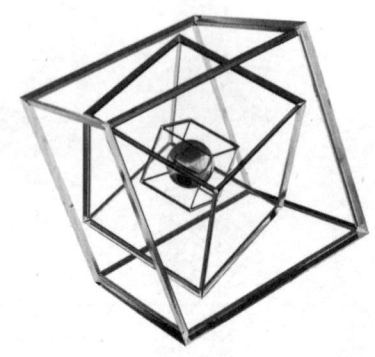

Posibilidad física de la cuarta dimensión

No sabemos muchas cosas, pero tenemos un cerebro activo y una mente que se inventa, o descubre, cientos de miles de cosas que a simple vista no existen o son imposibles.

Y no solo inventamos, también descubrimos o hasta forzamos la idea para que tenga lugar en la realidad y sea considerada como cierta.

El tiempo es una de ellas, como la velocidad de la luz, que no se puede asir, pero que es muy funcional porque mide distancias y velocidades con bastante certeza, aunque, y por supuesto, no puede medir las velocidades ni las distancias que se le escapan, y solo nos da una aproximación, a menudo bastante mala, de las mismas, tanto en lo macro como en lo micro.

Sí, nuestras ciencias exactas no son tan exactas como se pretende, pero sí son un poco más exactas que las ciencias naturales y que las ciencias sociales, donde nuestro amigo el tiempo pasa a ser emocional más que contable, pues es veloz cuando hay alegría, y es lento y hasta pesado, aburrido y desalentador cuando hay tristeza o una hora más de matemáticas.

Además, tampoco estamos seguros con aquello de pasado, presente y futuro, porque, al menos semánticamente, el pasado es presente y el presente produce un futuro que se convierte muy pronto en el pasado.

El pasado existe porque hay libros y edificios que lo constatan, además de que tiene consecuencias en el presente, no siempre las que deseamos, como cuando creemos que nos va a ir bien porque nos hemos portado bien, porque al final toda vida es un drama o una tragedia que acaba en muerte; aunque sí suele irnos mal cuando nos hemos portado mal.

El participio puede ser un pasado presente, y el gerundio un presente que pisa el futuro, dejando al presente casi fuera de juego a pesar de que parece ser el más persistente.

Todo un juego de palabras para intentar plasmar y describir una unidad de tiempo que quizá no existe más que en una misma línea que parece siempre ir hacia adelante, pero más por límites de velocidad que porque realmente camine solo en una dirección y al final solo sus fracciones sea lo único que nos queda para poderlo observar someramente, pero no con la claridad deseada.

La pregunta es entonces: ¿podemos proyectar nuestro pensamiento para lograr recorrer el tiempo que se nos escapa y someterlo a nuestras leyes, deseos, pensamientos científicos o caprichos particulares?

En otras palabras: ¿cómo o qué podríamos hacer para recorrer el pasado, el presente y el futuro como nos diera la gana y así saber hoy lo que pasará mañana y aprovechar dicho conocimiento?

Poder recorrer pasado, presente y futuro al instante

No lo sabemos, pero podemos intentarlo de una manera sencilla: proyectando nuestro pensamiento hacia el futuro, como si abriéramos una puerta, un agujero negro o un túnel de gusano, y adentrarnos en él para que, una vez informados, volvamos al presente y hagamos buen uso de lo que hemos visto.

Para viajar al pasado podemos hacer lo mismo: proyectar el pensamiento hacia el pasado a través de una puerta dimensional, un agujero negro o un túnel de gusano, y evitar caer en los errores que caímos, para tener un presente más positivo y claro, o hasta limpio y santo.

"El pensamiento es libre y puede proyectarse en un instante por todos los multiversos, ¡atrévete a proyectarlo!".

Epílogo:
La forma en que piensas y proyectas tu pensamiento, es la forma de tu lugar en el multiverso

Ni siquiera el mejor
de los espejos
puede mostrarte realmente
qué o quién eres:
una simple y curiosa
proyección de tu mente.

Jay Tatsay

¿Qué es eso del pensamiento? La verdad es que no lo sabemos exactamente, pero lo utilizamos para decir que somos lo que pensamos que somos, hasta que alguien nos dice que no, que somos de otra manera, y si ese alguien tiene prestigio social o cierta autoridad o poder sobre nosotros, no es nada raro que cambiemos de pensamiento y que de pronto creamos que somos de otra manera.

Al menos para casi todos nosotros, todo está en la mente, incluso cuando se manifiesta en forma de emociones, sentimientos, pulsiones, reacciones o motivaciones, porque sin su paso por el cerebro y sin la interpretación que hacemos de ellos se quedan en nada.

El cuerpo humano, como máquina, autómata o ser vivo sin consciencia, puede vivir perfectamente, reproducirse y morir sin necesidad de pensar, creer o interpretar nada de nada.

Puede comer, caminar, pelear, matar, preñar, cazar,

recolectar, ir y venir y hasta aprender ciertas rutinas convenientes para su existencia sin cuestionarse si el tiempo realmente existe, si la velocidad de la luz es infranqueable o si hay dioses o lo que sea después de la muerte.

Ni alma ni mente necesita el cuerpo humano para ser, estar, vivir y sobrevivir como cualquier otro animal.

Puede producir las dopaminas del afecto y la felicidad, del amor y del cuidado propio o de los demás, sin que en ello vaya moral alguna de por medio.

También puede conocer las hierbas que alimentan y los hongos que envenenan, y hasta distinguir quién está sano y quién está enfermo, y hasta desarrollar ciertos escrúpulos de relación con su entorno y con su propia sexualidad, pero sin dramas ni cortapisas celestiales.

Este autómata no se pregunta nada sobre el bien ni sobre el mal. No le gusta la muerte ni el dolor, como a cualquier otro animal, y aprende lo que aprende por difusión del contexto y porque no le queda más remedio, pero no hay más premios ni castigos que resbalar y caer, o que encontrar una buena fruta o una buena presa.

Hace bromas y juega, pero ni tiene nombre ni apuesta, ni acumula ni desprecia.

Ríe y llora, pero no culpa a los dioses ni al destino de su alegría o de su tristeza.

Si le falta litio, se deprime; y si le sobra alcohol o fermentos, se desmelena,

Este autómata no escribe ni lee, y quizá no construya algo más que nidos y cuevas que copia de otros animales, incluso algunas herramientas muy útiles, pero nada de tecnológicas modernas.

No tiene prisa, ni deseos desvelados, y sueña con

lo que da de sí la naturaleza que le rodea, o con los suyos, o con otros animales que son su terror o su próxima comida.

El más fuerte domina al débil, pero el débil puede ser astuto y aprovecharse de la ingenuidad, del exceso de confianza o de la buena fe del más fuerte, y sacarle partido o protección. El afecto y el cariño logran prodigios con las más terribles fieras, aunque después vengan el abuso y la traición.

No hay más proyección mental que la de los propios temores con causa o sin causa en el mundo en que vive y los sucesos que le rodean, como los rayos, los incendios, bestias poderosas, las inundaciones, la picadura de los insectos y las mordidas de las serpientes que acaban en muerte.

No pide a los dioses lo que necesita, quiere o desea, y logra lo que logra por méritos propios, y lo que no logra, lo desecha.

¿Pensamos, o solamente repetimos?

Si todo está en la mente y todo lo que aprendemos viene de fuera, es decir, si nacemos en tabula rasa, como escribió John Locke, sin nada en la cabeza más que reacciones físico químicas, como un libro con las páginas en blanco que nada más nacer se empiezan a escribir, quizá en realidad no pensemos, sino que solo repetimos aquello con lo que se va llenando nuestra cabeza a lo largo de los años, y que, por lo tanto, nada de lo que hay en ella sea propio, original, creativo, real o importante, sino un simple remedo de lo dicho por medio mundo antes que nosotros.

John Locke: "Nacemos con la mente en blanco"

Es posible que alguno de nosotros no sea un simple repetidor, sino que investigue y critique positivamente lo que le han enseñado o metido en la cabeza desde su nacimiento, con lo que creará nuevos pensamientos, ideas realmente suyas, algo con verdadera sustancia mental.

También es más que posible que incluso por defecto, mal entender o mal comprender lo que se nos ha enseñado desde pequeños, produzcamos pensamientos que no tienen nada qué ver con los originales, echándolos a perder o mejorándolos sin querer hacerlo.

El error puede ser muy creativo y darle al pensamiento el discurrimiento de nuevos senderos, dejando así de ser simples autómatas repetidores de lo que nos han enseñado nuestros padres, maestros, sacerdotes y gobernantes, para ser libre pensadores, herejes de lo más positivo para el desarrollo y crecimiento de la especie humana.

Por su parte, y poco amigo de Locke, está Thomas Hobbes, que piensa que ni siquiera los animales nacen con la mente en blanco, sino ya con una especie de moral que les impide caer en un anarquismo total y merendarse entre ellos. La moral se cultiva, sí, pero el hombre debe tener conciencia de ella, es decir, de que existen el bien y el mal, para que el hombre no sea el lobo del hombre, sino que tenga una conducta social que solo es posible si no se tiene la cabeza hueca.

Aristóteles, como maestro lejano de ambos, señala que el ser humano ya trae al nacer una serie de conocimientos, habilidades, proto pensamientos, emociones y sensibilidades propias de los animales gregarios, y que la mente, en todos los casos, mejora o empeora dependiendo de si se estudia o no, porque solo con el estudio de las virtudes humanas se puede mejorar a la persona y a la especie.

Sin estudio ni entrenamiento, la alternativa es la ignorancia y la zafiedad, que es el camino que sigue la mayoría de la gente, con el caos, el crimen y el mal asegurados, desde las jerarquías hasta los seres de los estratos más bajos, por mucho que se quiera aparentar refinamiento o pensamiento elevado.

Lo curioso es que de una o de otra manera, con brutalidad e ignorancia o sin ellas, el ser humano funciona gregaria y socialmente, y tiene algo en mente porque: "Quien piensa, teme, y quien teme, obedece", según Hobbes.

*Thomas Hobbes: "El hombre debe temer y ceder
el poder al Estado para no caer en el caos"*

Sí, somos presos de muchas ideas preconcebidas y preferimos creer y repetir a pensar y crear, pero a pesar de ello a veces nos brota una chispa en el cerebro y pensamos, aunque sea solo un momento, pero pensamos y proyectamos nuestro pensamiento sobre nosotros mismos y sobre nuestros hermanos.

Se nos ocurren ideas e ingenios, maneras de hacer trampa o de conseguir cualquier cosa con el menor esfuerzo, incluso si nadie nos lo ha enseñado ni con las letras, ni con las palabras ni con el ejemplo.

También se nos ocurren formas de complacer a la pareja, y de proteger a quienes queremos, tanto como de defender a los que admiramos, y aunque ello pueda ser más torpeza que verdadera inteligencia, pensamos. Sí, muchas veces a pesar de equivocados, pensamos.

La memoria es apreciable y bien puntuada por la academia y por la escuela, pero a veces el ingenio da mejores resultados, con lo que un albañil puede construir bien y superar los problemas físicos y matemáticos, de diseño y distribución, que no es capaz de superar un arquitecto.

Proyectar la mente para lograr la solución de un problema a menudo necesita más libertad de pensamiento que fórmulas fisicomatemáticas.

Por supuesto que las ciencias son una gran herramienta, y que el pensamiento educado suele dar muy buenos resultados en muchas áreas del conocimiento humano, pero más de una vez son el error o la locura, la improvisación y hasta los sueños, los que dan con la solución de los más intrincados y difíciles problemas.

El mundo, después de todo, no es tan cuadrado, aunque para las masas las cosas tengan que ser más pautadas y pausadas, y sus pensamientos más una repetición de mitos, leyendas, creencias religiosas, morales aunque culturales, convenios, conveniencias, arreglos soterrados o abiertos y hasta descaradas mentiras que casi todos dan por buenas y sin necesidad de revisarlas, criticarlas, analizarlas o simplemente corregirlas y llevarlas en otra dirección, porque al sumar criterios a una misma idea, certera o equivocada, se logra la cohesión social necesaria para que los grupos se contengan y no caigan en el caos, o si caen, que lo hagan conjuntamente, que ya después habrá tiempo de separarlos y de hacer que se enfrenten unos a otros de una forma dialéctica, para que se mantengan juntos a la vez que separados, pensando lo mismo aunque parezca que hay diversidad mental y que piensan diferente.

A veces me siento y pienso,
a veces solo me siento

En resumen, que en realidad sí pensamos y proyectamos nuestro pensamiento constantemente, con ideas preconcebidas en unos casos y en otros con ilusiones mentales del todo nuevas, unas convenencieras y otras trascendentes, y si bien absolutamente todo no está en la mente, porque siempre hay cosas que se le escapan al cerebro, a las emociones y a los pensamientos, sí el 99% por el simple hecho de que estamos rodeados de gente que viene repitiendo los mismos pensamientos desde hace diez o doce mil años, y que nos influencia día a día con lo que hace, lo que dice y lo que piensa, desde nuestro nacimiento hasta la muerte.

SOLIPSISMO

Ante diversas corrientes intelectuales o filosóficas que se ocupan de eso que llamamos pensamiento, está el solipsismo, que propone que solo hay una persona en todo el universo, yo (o tú), y que todo lo demás es producto de mi mente.

Tú no existes, solo existo yo.

La humanidad no existe, es solo un reflejo de mi mente, una creación mía consciente o inconsciente, pero mía y de nadie más.

Todo lo que hay en el multiverso es producto de mi mente.

Pienso, y gracias a que pienso lo demás existe mientras yo existo.

Nada sobrevivirá si muero, porque yo soy el centro y el creador de todo.

La idea no es nueva, y el pensar que solo yo, y nadie más que yo, pienso y existo más allá de mi propia mente, la podemos encontrar en el viejo hinduismo:

Todo es un sueño de mi numen, porque yo, Visnú, acabaré con todos y con todo el día que despierte.

Tú no eres nadie, el multiverso no es nada, y yo soy Visnú, el único existente.

Shakti, la diosa del manto sagrado de la noche, cuida que Visnú no se despierte porque ella es un avatar, como todos ustedes y moriría con el amanecer del gran deva, mientras que Lakshmi, su verdadera esposa no teme a la destrucción, pues se sabe diosa consorte trascendente.

A estas alturas de este libro y de mi vida, tengo

la imperiosa necesidad de revelarte un secreto: Eres quien tú quieras ser, quien te dé la gana, lo que pienses de ti y proyectes al mundo entero con la fuerza de tu pensamiento.

Nada ni nadie puede impedírtelo, eres lo que tú quieras proyectar con tu pensamiento, con mayor o menor reconocimiento por otros, pero lo que tú quieras, prescribas y decidas, eso eres.

Puedes cambiar las veces que quieras.

Puedes ser un dios o un demonio.

Puedes ser lo mejor o lo peor.

Puedes ser un simple y llano ser humano.

Puedes ser de otro planeta o de la constelación de Orión, total, está aquí al lado.

Puedes ser el más pobre del mundo, y a la vez ser el más rico y millonario, pues tú, y nadie más que tú, decide en que consiste serlo, y lo que digan y piensen los demás no tiene la menor importancia.

No hay límites para proyectar el pensamiento.

PROYECCIÓN MENTAL DEL HUMOR

Para ir finalizando este texto en el que he proyectado casi todo lo que soy y todo lo que tengo, mentalmente hablando, quisiera señalar, por si no se habían percatado, que en estas épocas en las que el sentido del humor está prohibido en los medios de comunicación, porque ofende a varios grupos con sus chistes, anécdotas y demás ocurrencias, el humor nos recuerda que sí pensamos, para bien o para mal, para ser aplaudidos o cancelados, pero pensamos.

Proyectamos mentalmente muchas de las bromas y de los pensamientos que hacen reír y que divierten, unos blancos, otros picantes, otros verdes, y hasta los podemos compartir en la intimidad y con verdaderos amigos, en el bar o bajo la luz de una trasgresión pasajera en un teatro o lugar de alterne, y poco más.

El humor no tiene límites y se ríe absolutamente de todo y de todos, y al tiempo de sí mismo, pero está secuestrado y hay grupos que se han creído que pueden constreñirte y decirte que sí y que no puedes reírte.

Desde 1995 o 1996 el humor fue silenciado en los libros de medio mundo, sin importar si se vendían o no, o si realmente ofendían a alguien, porque la orden de los de arriba era que no se publicaran más.

Algo similar pasó con algunos programas de televisión, que pasaron de ser una pícara diversión a ser una grosería, y aunque algunos se siguieron emitiendo (y se siguen emitiendo hoy en día), dejaron de producirse a uno y otro lado del Atlántico.

Algunos teóricos de la sociología apuntan a que el humor está soterradamente perseguido porque tiene el defecto, o mala virtud, de hacer pensar a la gente, algo que no es muy conveniente para mantener la cohesión social que un mundo moderno y urbano necesita.

· El humor puede producir conocimiento social.

· El conocimiento puede alentar la libertad.

· La libertad es grosera, egoísta, insegura y caótica.

· El caos es desobediente.

· La desobediencia es revolucionaria.

· La revolución trastoca el reparto de poderes.

· Trastocar el reparto de poderes deja a algunos sin sus milenarios privilegios.

En suma, que alguien de peso ha decidido que hay que limitar y desacreditar al humor, pues le falta el respeto a mucha buena gente, a grupos especiales, a pueblos enteros y a los que luchan, lloran y desesperan por crear un mundo mejor y diferente, pero igual de sumiso, pacato, pusilánime, dependiente, y, sobre todo, creyente.

El humor es enemigo del miedo, y sin miedo, a decir de Thomas Hobbes, no hay sociedad que se mantenga unida y en busca de la protección del Estado, la escuela, la ciencia o la iglesia, estamentos que piensan por todos y evitan rebeldías y problemas.

Como última proyección mental del presente libro, queda la siguiente frase, repítela hasta que cale en tu mente y en la de los que te rodean:

"Tomarse la vida en serio es sumisión, ¡viva la diversión!".

BIBLIOGRAFÍA

Alonso, José Ramón. (2025). *Historia del cerebro*. Córdoba: Editorial Guadalmazan.

Chan, T'sao. (2023). *Feng shui para el cuerpo y el alma*. Barcelona: Plutón Ediciones.

Dorfman, Ariel & Mattelart, Armand. (2009). *Para leer al Pato Donald: comunicación de masas y neocolonialismo*. Buenos Aires: Siglo XXI.

Tapia Rodríguez, Javier. (2023). *El dominio de los sueños*. Barcelona: Plutón Ediciones.
            (2024). *Mitología hindú*. Barcelona: Plutón Ediciones.

Tatsay, Jay. (2024). *Astrología Kármica*. Barcelona: Plutón Ediciones.
            (2019). *El libro divino de los chacras*. Barcelona: Plutón Ediciones.

Weber, Max. (2004). *El político y el científico*. Madrid: Alianza.
            (2002). *La ética protestante y el espíritu del capitalismo*. Madrid: Alianza.

ÍNDICE